루프,
원하는 것을 얻는 능력

• 일러두기

책에 인용한 저서의 제목은 《 》, 음악, 영화, 논문, 저널 제목 등은 〈 〉로 표기했습니다. 인물의 이름은 영어식 표기를 따랐습니다.

결심 따위 필요 없이 나를 움직이게 만드는 행동 설계법

LOOP

루프,
원하는 것을 얻는 능력

이승후 지음

whale books

#1

_____

나는 새벽 5시에 일어난다.

눈을 뜨면 먼저 몸부터 일으킨다.

인생을 바꾼 건 결심의 크기가 아니라,

눈을 뜬 직후 내리는 이 작은 선택이었다.

#2

어둠과 빛이 교차하는 새벽의 골목을 지나

한강으로 향하는 발걸음,

그것이 오늘 나의 첫 번째 패들이다.

사람들은 내게 특별한 성공의 비밀을 묻지만,

내 삶을 바꾼 것은 오로지 꾸준한 행동이었다.

#3

카약 위에 앉아 물살의 흐름을 느끼며

패들을 잡은 두 손에 힘을 준다.

왼쪽, 오른쪽, 다시 왼쪽, 오른쪽.

단순한 동작이지만 방향을 만들고 속도를 높인다.

어제와 같은 반복이 어느 순간,

나를 전혀 다른 지점으로 데려간다.

#4

한때 나는 머릿속에서만 수백 번 계획을 세우고

현실에서는 한 걸음도 나아가지 못한 사람이었다.

우울과 불안, 자책이 나를 제자리에 묶어두었고,

나는 이유를 몰라 지쳐가기만 했다.

그 흐름을 바꾼 건 큰 사건이 아니었다.

아주 작은 행동 하나였다.

#5

오늘도 같은 시간, 같은 장소, 같은 카약 위에서

나는 하루를 시작한다.

오늘 하루가 언제나 인생의 출발점이다.

한강 위로 태양이 떠오를 때

나는 다시 한번 내가 나아가야 할 방향을 확인한다.

어제의 흔들림도, 내일의 불안도

이 순간만큼은 나를 붙잡지 못한다.

오직 앞으로 나아가려는 마음이

새로운 하루의 흐름을 만들어낸다.

6

속도는 언제든 달라질 수 있다.

하지만 내가 어디를 향해 가는지는 오직 내가 정한다.

패들을 움직이는 작은 행동 하나하나가 쌓여

결국 내 인생의 흐름을 바꾸듯

오늘도 내가 선택한 그 방향을 향해

천천히 그러나 흔들림 없이 나아간다.

오늘의 작은 전진이 결국 나를

원하는 삶으로 데려다줄 것을 믿기 때문이다.

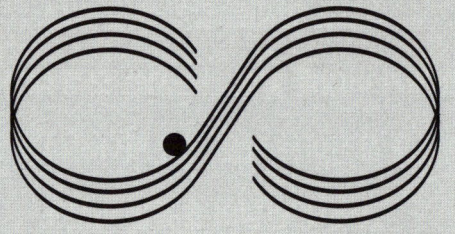

Prologue **지금처럼 살 것인가,**
원하는 인생을 살 것인가?

당신은 하루를 어떻게 시작하는가?

눈을 뜨자마자 휴대폰을 확인하고, 아침식사는 건너뛴 채 서둘러 집을 나서고, 퇴근 후에는 "오늘은 너무 힘들었어"라는 말로 자신을 달래며 늦은 밤까지 유튜브 영상을 보다가 잠드는 날이 많지는 않은가. 처음에는 그게 별문제처럼 느껴지지 않는다. '다들 이렇게 살잖아'라는 생각도 든다. 그러나 무심하게 흘려보낸 하루가 다음 날 또 반복되고, 그다음 날도 크게 달라지지 않는다면, 그것은 더 이상 '하루'가 아니라 '삶의 방식'이 된다.

물론 변화에 대한 마음은 시시때때로 찾아온다. 어떤 날은 의지를 불태우며 삶을 변화시키기 위해 노력하지만, 눈에 보이는 성과가 나타나지 않거나 정체기가 지속되면 예전의 모습으로 쉽게 되돌아간다. 그리고 성급한 결론을 내려버린다.

"난 역시 의지가 약해."

"난 뭘 해도 안 돼."

"난 원래 이런 사람이야."

하지만 정말 그럴까? 대부분의 사람은 '무엇을 바꾸고 싶은지'에 대해서는 분명히 안다. 살을 빼고 싶고, 돈을 더 벌고 싶고, 시간을 더 잘 쓰고 싶고, 관계를 더 건강하게 만들고 싶어 한다. 그러나 문제는 다른 데 있다. 왜 번번이 원래 자리로 돌아오는지를 제대로 이해하지 못하는 것이다. 이유를 모르면, 방법도 매번 똑같을 수밖에 없다. 더 굳게 마음먹고, 더 빡빡한 계획을 세우고, 더 강하게 자신을 몰아붙이다가 어느 순간 지치면, 다시 자신을 탓한다.

나는 진료실에서 환자들을 만나며 이런 장면을 수없이 많이 목격했다. 그리고 나 또한 과거에는 그들과 비슷한 모습이었다. 그러나 삶의 큰 변화를 경험한 지금은 이렇게 생각한다. 변화는 의지의 문제가 아니라 구조의 문제라고. 내가 말하는 구조가 바로 이 책의 핵심 개념, '루프(loop)'이다.

루프는 거창한 개념이 아니다. 쉽게 말하면 '반복되는 행동이 만들어낸 길'이다. 한 번 지나가면 끝나는 길이 아니라, 어느새 다시 그 길로 돌아오게 되는 익숙한 통로다. 예를 들어, 스트레스를 받으면 단 음식이 당기고, 단 음식을 먹으면 잠깐 기분이 풀리지만, 곧 후회가 남고, 후회는 다시 스트레스를 키운다. 그러면 또 단 음식이 당긴다. 이렇게 행동과 감정, 결과가 서로를 이어 붙이며 반복되는 흐름이 생긴다. 그래서 우리는 '이번엔 다르게 해볼 거야'라고 생각하면서도, 유사한 순간이 오면 다시 비슷하게 반응한다. 의지가 약해서가 아니라, 이미 익숙한 길이 뇌와 몸에 만들어져 있기 때문이다. 마치 자율주행이 켜진 차가 목적지를 정해두면 계속 그 방향으로 달리듯, 우리가 모르는 사이에 익숙한 선택을 반복하는 것이다.

그렇다면 루프는 습관(habit)이나 루틴(routine)과는 무엇이 다를까? 습관은 긴장하면 손톱을 물어뜯는 것처럼 '생각하지 않아도 나오는 자동 행동'이다. 루틴은 물 마시기 → 스트레칭

→ 샤워처럼 '의식적으로 정해놓고 반복하는 순서'다. 반면에 루프는 '그 행동이 다시 반복되게 만드는 구조 전체'를 말한다. 즉, 행동이 끝난 다음에 그 행동으로 돌아오게 하는 동력까지 포함하는 것이다. 습관이 '한 동작'이라면, 루프는 그 동작을 다시 불러오는 순환 구조다. 루틴이 '할 일 목록'이라면, 루프는 그 목록이 꺼지지 않게 만드는 전기 회로에 가깝다. 회로가 연결되어 있으면 작은 전류가 계속 흐르듯, 루프가 만들어지면 작은 행동이 끊이지 않고 이어진다. 무너져도 돌아오는 사람, 끊겨도 다시 이어 붙이는 사람, 환경이 흔들려도 기본값이 무너지지 않는 사람. 그런 사람을 만드는 것이 바로 루프의 힘이다.

나는 이 책에서 "마음가짐을 단단히 해라"라고 말하고 싶은 생각은 없다. 마음은 매번 흔들린다. 몸은 피곤하고, 일정은 변하고, 감정은 불규칙하다. 이런 조건에서 오로지 마음가짐만으로 버티라는 건 너무 가혹하지 않은가. 대신 이 책을 통해 루프라는 자동화 설계서를 제시할 것이다. 당신이 지금 어떤 루프 안에 있는지 알아차리고, 그 루프가 당신을 어디로 데려가는지 점검하고, 원치 않는 부정 루프는 끊어내고, 원하는 긍정 루프를 새로 연결하는 방법, 즉 무의식의 반복을 의식의 설계로 바꾸는 법을 다루고자 한다.

만약 당신이 '이렇게 살고 싶다', '이런 사람이 되고 싶다'라고 수없이 생각하면서도 행동으로 옮기지 못했다면, 그래서 자기 비난과 자책에 빠져 있다면, 그래도 괜찮다. 다만 자신에게 이렇게 말하자. 내가 부족해서가 아니라 나를 과거에 묶어놓은 루프가 강해서라고. 당신이 아직 변하지 않았다면 과거의 루프가 지금도 쌩쌩 돌아가고 있다는 증거다. 중요한 건 '그 루프를 그냥 두느냐, 다시 설계하느냐'다.

변화는 결심으로 시작되지 않는다. 변화는 반복하는 행동이 바뀌는 순간 시작된다. 오늘 당신이 작동시킨 작은 루프 하나가 내일의 당신을 만든다. 그 작은 루프가 쌓이면, 어느 날 삶 전체의 방향이 달라진다. 이제 당신에게 묻고 싶다.

"지금처럼 살 것인가, 원하는 인생을 살 것인가?"

이 책을 펼친 지금 이 순간부터 이 질문에 대한 당신만의 해답, 당신만의 루프를 만들어내길 바란다.

CONTENTS

Chapter 3
루프 설계자로 살아가기

Chapter 1

삶이 바뀌는 순간

"변화는 새로운 마음가짐에서 시작되지 않는다. 변화는 이미 돌아가고 있는 자동을 인식하는 순간부터 시작된다. 그 자동을 보지 못한 채로는, 아무리 노력해도 같은 자리에서 같은 방식으로만 움직이게 된다. 우리가 변하지 않는, 아니 변하지 못하는 이유는 의지나 성격의 문제가 아니라 우리를 작동시키는 루프의 문제인 것이다."

움직이고 있을 뿐
앞으로 나아간 것은
아니었다

•

앞으로 나아가고 있는 줄 알았는데
돌아보니 제자리였다

한의원을 개업하던 날을 아직도 기억한다. 간판을 달고, 문을
열고, 진료실 불을 켰을 때의 설렘. 이제는 내가 선택한 공간에
서, 내가 책임지는 방식으로 하루를 살아간다는 감각이 선명
하게 다가왔다. 그때의 나는 바빴고, 긴장돼 있었고, 동시에 들
떠 있었다. 하루하루가 새로웠고, 몸은 고됐지만 마음은 이상
할 만큼 가벼웠다. 활기가 넘치고 생기가 돌았다. 세상이 내 편

이라고 생각했다.

그런데 시간이 흐르면서 선명했던 하루가 점점 흐릿해지기 시작했다. 아침에 문을 열고, 예약된 환자를 보고, 비슷한 질문을 받고, 비슷한 설명을 하고, 비슷한 처방을 내리고, 저녁이 되면 진료실 불을 끄는 하루. 환자가 늘고, 경험이 쌓이면서 일은 훨씬 능숙해졌지만, 어느 순간부터 어제와 오늘의 구분이 흐려졌다. 처음에는 그게 안정이라고 생각했다. 일이 익숙해졌다는 증거라고 여겼다.

개업 이후 수입을 보여주는 숫자는 분명히 변하고 있었다. 환자 수는 늘었고, 매출도 점점 안정됐다. 한 달의 수입을 정리할 때마다 "이 정도면 잘하고 있지"라는 말이 자연스럽게 나왔다. 주변에서도 같은 이야기를 했다. 이만큼 자리 잡는 건 쉽지 않다고, 충분히 잘하고 있다고. 나 역시 그렇게 생각했다. 돈을 번다는 건 분명 중요한 일이었고, 가장으로 생계를 책임지고 있다는 생각에 뿌듯했다. 불안정했던 시기를 지나 어느 정도의 안정권에 들어섰다는 느낌도 있었다. 그래서 한동안은 불쑥불쑥 올라오는 질문을 애써 밀어두었다.

그럼에도 마음 한쪽에서는 설명하기 어려운 답답함이 올라왔다. 분명히 잘하고 있고, 큰 문제도 없었는데, 이상하게도 앞으로 나아가고 있다는 느낌이 들지 않았다. 하루를 무사히 마쳤다는 안도감은 있었지만, 시간이 흐를수록 '이렇게 계속 가도 괜찮은 걸까?'라는 질문이 쌓여갔다. 그때마다 이런 말을 되뇌며 스스로를 달랬다.

"괜찮아. 아무 문제 없잖아."

이 말은 틀리지 않았다. 하지만 시간이 지나도 상황이 크게 달라지지 않자, 문득 깨닫게 되었다. 문제는 몸의 피로가 아니라, 인생이 멈춰 있다는 사실이었다. 하루를 버텼다는 느낌은 있었지만, 다음 날을 더 나은 방향으로 준비했다는 감각은 느끼기 어려웠다. 그러나 그땐 몰랐다. 하루는 짧았고, 특별히 잘못된 선택도 없었기 때문이다. 오늘만 떼어놓고 보면 문제 될 게 없었다. 하지만 그 하루가 거의 같은 형태로 반복되면서, 나는 어느새 변화가 일어나지 않는 구조 안에 들어와 있었다.

겉으로 보기에 내 삶은 꽤 안정적이었고, 사회적으로도 성공에 가까워 보였다. 하지만 바로 그 안정감이, 나를 더 깊은 정체로 이끌고 있었다. 하루 중 가장 맑은 시간은 진료와 업무에 쓰였고, 나를 확장시키는 공부나 새로운 시도는 '언젠가'라는 말에 밀려났다. 저녁이 되면 피곤하다는 이유로 나를 풀어주는 선택을 했고, 그 선택은 다음 날의 컨디션을 조금씩 떨어

뜨렸다. 내가 진정 무엇을 원하는지 깊이 생각하지 못한 채 정해진 일과에 나를 맡기는 일이 반복되었다. 처음의 설렘과 긴장, 가능성에 대한 기대는 사라지고, 대신 예측 가능한 하루만이 남고 말았다.

이 흐름은 너무 자연스러워서 문제라고 인식조차 하지 못했다. 가끔 '이렇게 사는 게 최선인가?' 하는 의문이 들었지만, 생각은 곧 익숙함에 밀려났다. '도전 없이 살아가는 하루'가 기본값이 되었다. 기본값이 생기면, 다른 선택은 귀찮고 부담스러워진다. 새로운 시도는 위험하게 느껴지고, 익숙한 하루를 유지하는 것이 가장 합리적인 선택처럼 보이기 때문이다. 그렇게 똑같은 하루가 계속 복사되었고, 어느 날 문득 정신을 차리니 10년이 훌쩍 흘러 있었다.

●

나를 작동시키는 시스템이 내 안에 있었다

떠내려가는 줄도 모르고 있다가 정신이 번쩍 든 계기는 운동을 하다가 다리를 다친 후였다. 평소 액티브한 운동을 즐겼는

데, 다리를 제대로 쓰지 못하니 불안감이 훅 밀려왔다. 내 뜻대로 몸을 움직이지 못하는 일은 평생 처음이었다.

몸이 아프니 마음의 기력도 떨어졌다. 그로 인해 한동안 우울감에 빠져 있었다. 그때 진지하게 지금의 삶이 내가 정말 원했던 삶인지 고민하게 되었다. 목표를 향해 달려온 삶이었으니, 후회는 없었다. 겉으로 보기엔 비교할 수 없을 만큼 크게 성장한 것처럼 보였다. 그러나 동시에 달라진 게 없었다. 매일 정신없이 살아가는 건 마찬가지였다. 죽을힘을 다해 뛰었지만, 같은 트랙 위를 뱅뱅 돌고 있는 기분이었다. 소위 '현타'가 왔다. 도대체 어쩌다 이런 일이 내 인생에 일어난 것일까?

열심히 산 것과 앞으로 나아간 것은 같은 말이 아니었다. 같은 자리를 뱅뱅 돌고 있다는 것, 이것저것 시도하면서도 사실은 안정을 최우선으로 생각하고 있었다는 것, 나도 모르는 새 정해진 대로 살아가는 경로에서 벗어나지 못하고 있었다는 사실을 받아들이는 데까지 꽤 오랜 시간이 걸렸다.

내가 느끼는 혼란에 대해 해답을 찾기 시작했다. 미친 듯 책을 읽고, 강의를 찾아다니고, 동영상을 보고, AI에 수천 개의 질문을 던지고, 사람들과 대화를 나누었다. 대학 입시나 한의사 국가고시를 준비할 때보다 더 절박한 마음이었다. 치열하게 묻고 생각하고 질문하는 시간을 보낸 후에야 깨달았다. 답은 아주 심플했다. 내가 찾던 해답은 밖에 있지 않았다. 그것은 내 안에 '살아' 있었다. 살아 있다고 표현한 이유는 한시도 멈추지 않고 작동하고 있었기 때문이다. 심지어 내가 자고 먹고 말하고 행동하는 모든 순간마다 내 안에서 만들어진 시스템은 꺼지지 않았다.

삶이 자동으로 흘러가도록 작동하는 구조가 내 안에 있다는 걸 인정하는 것은 내 노력이 부족했다고 생각하는 것보다 훨씬 더 불편한 일이었다. 영어 과목의 점수가 부족하면 문법이든 단어든 부족한 부분을 찾아서 공부하고 수학 과목의 점수가 부족하면 개념이든 문제 풀이든 모르는 곳을 찾아 공부하듯, 삶의 영역에서 부족한 부분이 있다면 채우기 위해 더 열심히 노력하면 되지만, 나도 모르게 만들어져서 움직이고 있는 시스템을 어디에서부터 어떻게 바꿔야 할지 막막했기 때문이다.

그러나 동시에, 내 안에서 작동하고 있는 자동 시스템의 존재는 삶의 변화에 대한 가능성을 알려주는 아주 중요한 단서가 되었다. 삶의 성공과 실패를 가르는 기준이 더 이상 성격이나 환경, 의지나 노력의 문제라고 '변명'할 수 없었기 때문이다. 심지어 타고난 기질, 소위 말하는 '좋은 머리'나 '기가 막힌 행운' 같은 것과도 상관이 없었다. 전혀 영향을 끼치지 않았다고 말할 수는 없지만 적어도 그것이 본질적인 핵심은 아니었다. 다시 말하면, 나를 비롯해 수많은 사람들이 쉽게 갖다 대던 핑계가 더 이상 통하지 않는다는 뜻이었다.

내 안에 나를 움직이는 오래된 구조가 있고, 그것이 어떻게 작동하는지 알아야 하며, 그것을 다시 설계할 수 있다는 사실은 놀라울 정도로 경이로운 발견이었다.

●

'이 정도면 괜찮지'라는
정체의 함정

"이 정도면 괜찮겠지."

솔직히 말하면, 나 역시 이 말을 수없이 되뇌며 살아왔다. 오늘은 좀 피곤하니까, 이번 주는 일이 많으니까, 요즘은 다들 이 정도는 하니까. 스스로를 설득하는 데에는 꽤 그럴듯한 이유가 늘 준비돼 있었다. 그 말은 이상하게도 마음을 다치지 않게 해줬다. 당장 나를 몰아붙이지 않아도 된다는 허락처럼 느껴졌기 때문이다.

문제는 그 말이 기준이 되었을 때였다. 어느 날 문득 돌아보니, 나는 꽤 오랫동안 같은 자리에 서 있었다. 나쁘지는 않았지만 그렇다고 좋다고 말하기도 애매했다. 남들이 "그 정도면 괜찮다"라고 말하는 상태. 강남 한복판에 있는 한의원 원장이면 제법 성공한 인생 아닌가. 그때의 나는 그게 문제라고 생각하지 않았다. 오히려 버티고 있는 나 자신을 대견하게 여기기도 했다. 하지만 이상하게도, 마음 한구석에는 늘 같은 질문이 맴돌았다.

"분명 열심히 살았는데, 왜 마음이 편하지 않을까?"

이 질문을 처음 마주했을 때, 나는 자연스럽게 나 자신을 의심했다. 의지가 약해졌나, 예전만큼 간절하지 않나, 아니면 내가 원래 이 정도 사람인가 등 수많은 의문이 떠올랐다.

아마 많은 사람이 나와 비슷한 생각을 해봤을 것이다. 우리는 변하지 않는 이유를 가장 먼저 성격이나 의지에서 찾는다. 그런데 조금만 더 시간을 두고 나를 관찰해보니, 문제는 다른 데 있었다. 분명 나는 멈춰 있지 않았다. 매일 열심히 살았다. 그러나 앞으로 가고 있는 것도 아니었다. 그저 익숙한 속도로 같은 자리를 맴돌고 있을 뿐이었다. 말하자면 '정체된 상태'였다.

정체는 실패가 아니다. 그래서 더 위험하다. 바닥이 아니기 때문에 절박하지 않고, 당장 큰 문제가 없기에 방향을 틀 이유도 느끼지 못한다. 하루하루를 성실하게 보내고 있다는 감각 속에서 삶은 조용히 제자리에 고정된다. 정체는 늘 이렇게 말한다.

"이 정도면 괜찮잖아."

"지금은 유지하는 것만 해도 충분해."

"완벽을 추구하면 오히려 지쳐."

나도 그 말에 고개를 끄덕였다. 틀린 말이 아니었기 때문이다. 하지만 어느 순간 깨달았다. 이 말들이 나를 위로하는 말이 아니라, 나를 멈춰 세우는 말로 쓰이고 있다는 것을. 중요한 것은 지금이 정말 '괜찮은 상태'인가 하는 점이었다. 그저 익숙해진 상태에 불과한 것인지도 몰랐다.

익숙함은 생각보다 강력하다. 몸과 마음은 불편해도 견딜 수 있는 상태를 금세 받아들인다. 그리고 그 상태가 반복되면, 뇌는 그것을 '안전한 기준'으로 저장한다. 더 나아가려 할 때 괜히 귀찮아지고, 새로운 시도를 하려 하면 이유 없이 피곤해지는 이유가 여기에 있다. 변화가 위험해 보이기 시작하는 것이다.

이때 우리는 흔히 이렇게 오해한다.

"요즘 내가 게을러졌나 봐."

"의지가 많이 약해졌어."

하지만 실제로는 의지가 사라진 게 아니다. 정체성을 유지하도록 세팅된 내 안의 구조, 즉 루프가 작동하고 있을 뿐이다. 루프는 '내가 무심코 반복해온 수많은 행동이 만들어낸 구조이자 시스템'이다. 우리는 우리가 생각하고 결정한 대로 행동한다고 생각하지만, 사실은 그 행동을 만들어내는 내면의 구조인 루프가 있다.

루프는 단순한 반복이 아니라 '행동과 결과가 서로를 강화하거나 약화시키는 순환 구조'다. 습관이나 루틴이 톱니바퀴의 회전이라면, 루프는 그 톱니바퀴들이 서로 맞물려 돌아가며 에너지를 증폭시키는 기계 전체의 순환 구조라고 볼 수 있다. 루프는 단순히 행동을 나열하는 데 그치지 않고 '행동 → 결과 → 동기 → 행동'으로 이어지는 자기 강화의 순환 구조를 만든다.

그렇기에 루프는 개인의 정체성과 삶의 질을 바꾸는 힘을 가진다. 단순히 무엇을 한다는 수준을 넘어 '왜 하게 되는가?'와 '다시 하게 만드는 동기 구조'까지 포함하기 때문이다. 비유하자면 '자동 항법 장치'와 같다. 작심삼일로 끝내고 마는 것도, 도전하기 전에 포기부터 하는 것도, 계획만 세우고 실천을 한없이 미루는 것도 게으른 성격이나 의지가 부족해서가 아니라 내 안의 루프가 그런 방식으로 작동하고 있기 때문이다.

나는 오랜 시간 '정체된 삶에 안주하는 루프' 안에서 살고 있었다. 정체가 무서운 이유는, 특별한 실패 없이도 만들어진다는 데 있다. 큰 실수도 없고 크게 무너진 적 없는 일상일수록 더 위험하다. 멈춰 있는 줄도 모른 채 굳어가기 때문이다. 실제로 많은 사람이 이 함정에 빠진다. 나 역시 그랬다. 겉으로는 문제 없어 보였고, 스스로도 '괜찮다'라고 생각하고 있었으니까.

하지만 삶은 가만히 있는 것처럼 보여도, 실제로는 늘 어딘가로 흐른다. 대부분은 아주 느린 속도로 아래쪽을 향한다. 체력은 조금씩 줄고, 집중력은 둔해지고, 감정은 예전보다 쉽게 지친다. 변화가 너무 느려서 알아차리지 못할 뿐이다.

그러다 어느 날 문득, 이런 생각이 든다.

"왜 나는 여기까지밖에 오지 못했을까?"

그 질문 앞에서 필요한 건 더 강한 결심이 아니다. "이제 진짜 열심히 살아야지"라는 말은 이미 충분히 해왔다. 필요한 건, 지금의 '괜찮음'을 만들어낸 구조를 차분히 들여다보는 일이다. 이 상태가 나를 보호하고 있는지, 성장시키고 있는지, 아니면 끌어내리고 있는지 말이다. 내 고민도 바로 여기에서 출발했다. 그리고 내가 앞으로 수도 없이 강조하면서 말할 루프라는 개념도 바로 여기서 시작된다.

　나는 내 안에서 작동하는 루프의 구조와 원리를 이해하고 나서야, 비로소 다른 선택을 할 수 있었다. 루프는 생소한 개념일지 몰라도 어려운 개념은 아니다. 루프의 작동 원리는 간단하다. 내가 어떤 행동을 반복했는지 아는 것만으로도 인생의 많은 부분을 바꿀 수 있다. 당신이 과거를 후회하거나 자책하고 있다면, 더 크게 성공하고 싶다면, 정말 원하는 인생을 살고 싶다면, 의지와 노력 부족을 탓하기 전에 삶을 바꾸는 올바른 방법이 있다는 것부터 알아두자.

변화를 말할 때 우리가 착각하고 있는 것들

●

우리는 생각보다 생각 없이 살고 있다

나는 오랫동안 내가 꽤 '의식적으로' 생각하며 사는 사람이라고 믿었다. 하루의 일과를 계획했고, 해야 할 일을 정리했고, 중요한 결정 앞에서는 나름대로 고민도 했다. 그래서 삶이 크게 바뀌지 않는 이유를 묻는다면, 아직 충분히 실행하지 못해서, 조금 더 밀어붙이지 못해서라고 생각했다.

그런데 어느 순간부터 이 믿음이 흔들리기 시작했다. 분명히 매일 무언가를 하지만 그 '하고 있음'이 삶을 내가 원하는 방향으로 데려가지 않고 있다는 느낌이 들었기 때문이다. 바쁘게 움직이고는 있었지만, 그 움직임이 어디로 향하고 있는지는 점점 모호해졌다. 계기가 된 건 아주 사소한 관찰이었다. 아침에 눈을 뜨는 순간부터 집을 나서기까지의 흐름을 가만히 따라가 본 것이다. 알람을 끄는 손의 움직임, 바로 휴대폰을 집어 드는 순서, 씻고 옷을 입는 속도, 출근길에 떠오르는 생각들. 놀랍게도 그 과정 어디에도 '선택'이라고 부를 만한 지점이 거의 없었다. 생각하기 전에 몸이 먼저 움직였고, 판단하기 전에 이미 다음 행동으로 넘어가 있었다. 처음으로 이런 생각이 들었다.

"나는 살고 있는 게 아니라, 작동하고 있는 건 아닐까?"

우리는 흔히 자동이라는 말을 부정적으로만 쓴다. 무성의하다거나, 생각이 없다는 뜻으로 받아들인다. 하지만 자동이라는 건 훨씬 중립적인 개념이다. 자동은 '의식적인 결정 없이도 반복되는 상태'를 말한다. 문제는 자동 그 자체가 아니라, 어떤 자동 위에서 살고 있는지다.

내 일상은 이미 잘 굴러가는 자동 시스템 위에 놓여 있었다. 문제는 그 시스템이 나를 앞으로 보내는 구조가 아니라, 늘 비슷한 자리로 되돌리는 구조였다는 점이다. 예를 들어 진료가 끝난 뒤의 저녁 시간도 그랬다. 몸이 피곤하다는 신호가 오면 거의 반사적으로 휴식을 택했다. 그 휴식은 대부분 아무 생각 없이 시간을 흘려보내는 방식이었다. 그 선택이 나쁘다고 생각하지는 않았다. 하루를 버텼으니 그럴 자격이 있다고 느꼈다. 그런데 그 장면이 며칠이 아니라 몇 년째 거의 똑같이 반복되고 있다는 사실을 인식하는 순간, 마음이 조금 서늘해졌다.

나는 매번 '오늘은 어쩔 수 없지'라고 생각했지만, 몸은 이미 그 패턴을 기본값으로 기억하고 있었다. 피로 → 멈춤 → 무기력 → 다음 날 회복되지 않은 상태. 이 흐름은 고민의 결과가 아니라, 자동 반응의 연속이었다. 결과적으로 나는 행동하지 않는 사람이 아니라, 늘 같은 방식으로 행동하고 있는 사람이었다.

우리가 매일 하는 행동은 이미 정해진 궤도를 따라 움직인다. 출근은 행동이지만 선택은 아니다. 일하는 것도 행동이지만 설계는 아니다. 그저 어제와 비슷한 오늘을 반복하는 것이라면, 그건 단순한 행동일 뿐 변화로 이어지는 '실행'이 아니다.

그런데도 우리는 쉽게 착각한다. 이렇게 바쁘게 사는데, 내가 자동으로 살 리 없다고. 하지만 자동은 바쁨과 무관하다. 오히려 자동은 바쁜 사람일수록 더 강하게 작동한다. 생각할 여유가 없을수록, 뇌는 익숙한 경로를 더 선호하기 때문이다.

이 사실을 진심으로 받아들이기까지 나 또한 시간이 걸렸다. 내가 나태해서가 아니라, 의지가 약해서가 아니라, 이미 몸과 뇌가 '가장 익숙한 방식'으로 삶을 처리하고 있었다는 점을 인정해야 했기 때문이다. 그때부터 질문의 방향을 바꾸기 시작했다. "왜 나는 실행을 못할까?"가 아니라, "나는 지금 어떤 자동 위에서 실행하고 있는가?"라고 바꿔서 던진 이 질문은 생각보다 나와 내 삶에 대해 많은 것을 드러냈다. 내가 선택한다고 믿었던 행동들, 결심의 결과라고 여겼던 하루의 흐름, 의지의 문제라고 단정했던 실패 대부분이 이미 만들어진 자동 반응의 결과였다는 사실이 보이기 시작했다.

우리는 하루에도 수백 번의 선택을 하는 것처럼 느끼지만, 실제로는 그중 대부분을 이미 저장된 방식으로 처리한다. 뇌는 효율을 좋아한다. 에너지를 아끼기 위해, 익숙한 길을 반복해서 사용한다. 이건 게으름이 아니라 생존 전략이다.

문제는 이 전략이 지금의 삶에도 그대로 적용되고 있다는 점이다. 변화를 원하면서도 같은 행동을 한다면, 결과가 달라질 리 없다. 아무리 좋은 결심을 해도, 그 결심은 기존 자동 반응에 흡수되고 만다. 삶을 바꾸려면 나를 끌고 가는 자동 시스템, 즉 '루프'를 먼저 손봐야 한다.

변화는 새로운 마음가짐에서 시작되지 않는다. 변화는 이미 돌아가고 있는 자동 시스템을 인식하는 순간부터 시작된다. 그 자동 시스템을 보지 못한 채로는, 아무리 노력해도 같은 자리에서 같은 방식으로만 움직이게 된다. 우리가 변하지 않는, 아니 변하지 못하는 이유는 의지나 성격이나 노력의 문제가 아니라 우리를 작동시키는 루프의 문제인 것이다.

●

우리는 실행하고 있다는 착각에 빠져 있다

아침에 일어나면 병원에 나갔고, 진료를 했고, 밀린 일을 처리했다. 바쁜 날에는 점심을 거르기도 했고, 저녁까지 일정이 이어질 때도 많았다. 하루를 돌아보면 '오늘도 할 만큼 했다'라는 생각이 들었다. 그래서 변화가 더디게 느껴질 때면 이렇게 정리하곤 했다. 실행은 하고 있는데, 아직 결과가 안 나왔을 뿐이라고.

지금 돌아보면, 그 말속에 중요한 착각이 숨어 있었다. 단지

'움직이고 있음'을 '실행'이라고 생각한 것이다. 하루를 가만히 들여다보면, 나는 쉴 새 없이 움직였다. 환자를 보고, 설명하고, 기록하고, 다음 일정을 준비했다. 그 사이사이 행정 업무를 처리하고, 경영상의 판단도 내렸다. 분명히 손은 바빴고 몸도 피곤했다. 그런데 그 움직임들 가운데 나를 다른 방향으로 데려가는 실행은 얼마나 있었을까 하고 묻기 시작하자, 선뜻 대답하기 어려워졌다. 예를 들어 이런 순간들이었다.

"오늘은 컨디션이 별로니까 이건 내일 생각하자."

"지금은 바쁘니까 정리할 여유가 없어."

"조금만 여유가 생기면 그때 제대로 해보자."

이 말들은 모두 합리적으로 들렸다. 실제로 틀린 말도 아니었다. 문제는 이런 판단이 하루이틀이 아니라, 늘 같은 방식으로 반복되고 있었다는 점이다. 나는 미루고 있다는 자각 없이, 늘 비슷한 선택을 하고 있었다. 그런데도 마음 한편에서는 이렇게 느끼고 있었다.

"나는 매일 환자들을 만나고 있어. 책임을 다하고 있잖아."

이 감각이 바로 '실행하고 있다는 착각'이었다. 착각은 대개 아주 그럴듯한 모습으로 나타난다. 실행하고 있다는 착각은 특히 바쁜 사람에게 잘 달라붙는다. 가만히 있지 않으니까, 멈추지 않으니까, 스스로를 게으른 사람이라고 생각하지 않으니까. 하지만 바쁨과 실행은 전혀 다른 문제다.

나는 어느 순간부터 이 둘을 구분해서 보기 시작했다. 바쁨은 주어진 일을 처리하는 능력이고, 실행은 삶의 방향을 조금이라도 바꾸는 행동이다. 이 차이를 가장 또렷하게 느낀 건, 반복되는 다짐 앞에서였다. 운동을 해야겠다고 생각했고, 공부도 다시 시작해야겠다고 마음먹었다. 생활 리듬을 바꾸고 싶다는 생각도 수없이 했다. 머릿속에서는 이미 여러 번 실행이 끝난 것처럼 느껴졌다. 계획을 세웠고, 이유도 충분했고, 필요성도 명확했다. 그래서 스스로에게 이렇게 말했다.

"나는 이미 마음을 먹었으니까 반쯤은 실행한 셈이야."

하지만 현실은 달랐다. 다음 날이 오면, 나는 다시 익숙한 하루로 들어갔다. 마음속에서는 '다음에'라는 버튼이 눌렸고, 몸은 아무런 저항 없이 그 선택을 따랐다. 이때 중요한 건 내가 실패했다고 느끼지 않았다는 점이다. 아직 시작하지 않았을 뿐이라고 생각했기 때문이다.

여기서 또 하나의 착각이 만들어진다. 실행하지 않았는데도, 실행을 미룬 자신을 이해하면서 마음의 빚을 탕감해버리는 것. 그러면 이상하게도 다음 시도를 위한 에너지는 더 줄어든다. 나는 이 패턴을 여러 번 반복했다. 그리고 어느 순간 깨달았다. 내가 실행하지 못한 게 아니라, 실행의 기준을 너무 낮게 잡고 있었다는 사실을. 나는 '의미 있는 변화를 만드는 행동'과 '기존의 하루를 유지하는 행동'을 같은 실행으로 취급하고 있었다. 병원에 출근하는 것, 일을 처리하는 것, 바쁜 일상을 유지하는 것. 이 모든 것은 분명 필요하지만, 이미 굴러가고 있는 구조를 유지하는 행동들이었다.

반면 삶의 방향을 바꾸는 실행은 늘 작고 불편했다. 바쁘다는 이유로 밀리기 쉬웠고, 효과가 바로 보이지도 않았다. 그래서 자연스럽게 중요도에서 밀려났다.

이렇게 해서 실행의 착각은 완성된다. 하루 종일 움직였다는 사실이 나는 오늘도 실행했다는 감각으로 바뀌고, 그 감각이 다시 변화를 미루는 이유가 된다. 많은 사람들이 그동안 "난 왜 이렇게 의지가 약할까?"라고 자책했을 것이다. 그러나 정작 물어야 할 질문은 따로 있다.

"나는 지금 무엇을 실행이라고 부르고 있는가?"

이 질문을 던지고 나서야, 나 또한 상황을 다르게 보기 시작했다. 실행은 많았지만, 변화로 이어지는 실행은 거의 없었다. 나는 움직이고 있었지만, 같은 자리 안에서만 이동하고 있었다. 이 깨달음은 나를 자책하게 만들지 않았다. 오히려 묘하게 현실적이었다. 이건 성격의 문제가 아니라, 기준의 문제였기 때문이다. 그리고 기준은 언제든 다시 설정할 수 있었다.

그 순간부터 나는 실행을 이렇게 정의하기 시작했다. 지금의 자동을 조금이라도 벗어나게 만드는 행동만을 실행이라고 부르자. 아주 작아도 상관없고, 눈에 띄는 결과가 없어도 괜찮다. 다만 어제와 같은 흐름으로 돌아가지 않게 만드는 행동이어야 했다. 기준을 이렇게 세우자, 그동안의 답답함이 설명되기 시작했다.

나는 실행을 안 한 사람이 아니라, 실행의 방향을 한 번도 점검하지 않았던 사람이었다. 그리고 이 지점에서 변화가 일어나지 않는 이유는 더 분명해졌다. 문제는 의지도, 각오도 아니었다. 실행하고 있다는 착각을 가능하게 만드는 구조 자체였다.

●

우리는 변화가 일어나지 않는 진짜 이유를 모르고 있다

"왜 나는 실행하지 못할까?"가 아니라, "왜 나는 항상 비슷한 선택으로 돌아올까?"라는 질문을 하기 시작하자 많은 것이 변했다. "왜?"라는 질문을 던지며 파고들 때는 괴로움이 컸는데, 이 질문은 오히려 나를 덜 괴롭혔다. 의지나 성격을 탓하지 않아도 됐고, 과거의 나를 평가하지 않아도 됐다. 대신 관찰할 수 있었다. 내가 하루를 어떻게 시작하고, 어떤 순간에 멈추고, 어떤 선택 앞에서 늘 같은 방향으로 몸이 기울어지는지를 말이다.

그리고 곧 알아차렸다. 나는 매번 결정을 내리고 있다고 생각했지만, 실제로는 거의 결정하지 않고 있었다. 상황이 오면, 늘 비슷한 반응이 먼저 나갔다. 피곤하면 미뤘고, 바쁘면 건너뛰었고, 여유가 생기면 다시 마음먹었다. 이 패턴은 놀라울 만큼 일관됐다. 그러나 그 일관성은 의식적인 선택의 결과가 아니었다. 나는 일부러 그런 선택을 한 게 아니었다. 마치 미리 정해진 길 위를 걷듯이 그저 그렇게 반응하고 있었을 뿐이다. 의지의 문제가 아니라, 루프의 문제였다. 흔히 변화가 안 되면 마음을 다잡으려고 한다. 각오를 새로 하고, 다짐을 더 단단히 한다. 하지만 마음은 늘 같은 속도로 작동하지 않는다. 컨디션에 따라 흔들리고, 감정에 따라 방향이 바뀐다. 그런 마음 위에 변화를 얹으려다 보니, 매번 비슷한 자리로 돌아오는 것이다.

나는 내 하루를 다시 들여다봤다. 아침에 눈을 뜨면 어떤 생각이 먼저 떠오르는지, 일이 몰릴 때 어떤 선택을 하는지, 하루가 무너졌다고 느낄 때 어떤 방식으로 스스로를 달래는지 찬찬히 관찰하자 한 가지 공통점이 보이기 시작했다.

하루의 많은 부분이 '생각 없이' 흘러가고 있었다. 물론 아무 생각도 안 했다는 뜻은 아니다. 생각은 많았다. 걱정도 했고, 계획도 세웠다. 하지만 정작 행동으로 이어지는 순간에는 생각보다 훨씬 빠르게 몸이 반응하고 있었다. 반응은 늘 비슷했다. 그리고 결과도 비슷했다. 각 순간만 보면 충분히 이해가 가능한 반응이었다. 하지만 하나하나의 반응이 연결되면서 고정된 흐름을 만들고 있었다. 그리고 그 흐름이 계속 반복되었다. 나는 그동안 이 흐름을 '내 성향'이라고, '나는 원래 이런 사람'이라고 생각했다.

하지만 루프라는 개념으로 바라보니 이야기가 완전히 달라졌다. 이건 타고난 성격이 아니라, 오랫동안 삶에서 반복된 구조였다. 그리고 구조는, 설계된 것이든 우연히 만들어진 것이든 다시 손댈 수 있었다!

이렇게 생각하니 마음이 한결 가벼워졌다. 바뀌지 않았던 이유가 명확해졌기 때문이다. 나는 의지가 약해서 멈춘 게 아니었다. 실행력이 없어서 제자리에 있었던 것도 아니었다. 그저 나를 같은 선택으로 데려가는 루프 안에 있었을 뿐이다.

루프의 무서운 점은 너무 자연스럽다는 데 있다. 익숙하고, 편하고, 굳이 의심하지 않아도 하루가 굴러간다. 그래서 우리는 그 안에 있다는 사실조차 모른 채 살아간다. 변화가 필요하다고 느끼면서도, 정작 변하지 않는 이유가 여기에 있다.

하지만 동시에 루프의 가장 큰 장점도 바로 여기에 있다. 제대로 작동하게만 만들어두면, 의지에 기대지 않아도 되고 매번 마음을 다잡지 않아도 된다. 변화는 결심의 문제가 아니라, 어떤 루프 안에서 하루를 반복하고 있는가의 문제다. 그렇기에 우리는 "이제부터 더 열심히 살아야지"라는 다짐만 하기보다 스스로 어떤 루프를 계속 돌리고 있는지부터 정확히 알아야 한다. 이것이 삶의 모든 변화를 여는 출발점이 되기 때문이다.

루프는
어떻게
만들어지는가?

●

인생에는 보이지 않는
중력이 있다

지구상에 존재하는 모든 생물에게는 중력이 작용한다. 마찬가지로 삶에도 우리를 익숙한 자리로 끌어당기는 중력이 있다. 어떤 사람에게는 가난한 환경이, 누군가에게는 실패의 기억이, 또 다른 이에게는 스스로를 의심하는 마음이 중력이 된다. 멀리 달아나고 싶어도 어느 순간 다시 제자리로 돌아오는 이유는 그 끌어당김이 너무 자연스럽고, 너무 오래된 힘이기 때문이다.

　중력은 바꿀 수도 없고 없앨 수도 없는 자연의 이치다. 하지만 인간은 중력에 굴복하지 않았다. 땅에서만 살아야 한다는 고정관념을 깨고 기어이 하늘 위로 날아올랐다. 사람이 자유롭게 하늘을 나는 일은 처음엔 단순한 상상이었을 것이다. 그러나 끝내 그 상상을 현실로 만들었다. 중력이 사라져서가 아니라 그 힘을 이길 만큼 더 강한 힘을 만들어냈기 때문이다.

　우리의 삶도 마찬가지다. 우리를 원래 자리로 되돌리는 힘은 언제나 존재한다. 익숙한 습관, 반복된 감정, 켜켜이 쌓인 두려움과 고정관념들은 오랫동안 마음속에서 굳어져 강력한 중력으로 작용한다. 그러나 그 힘보다 아주 조금만 더 강한 힘이 생기면 삶의 흐름을 다른 방향으로 움직일 수 있다. 변화는 결심의 문제가 아니다. 자신을 끌어내리는 힘보다 아주 조금 더 강한 '올라가려는 힘'을 만들어내는 과정이다. 그렇다면 남은 질문은 이 하나가 될 것이다.

　"오랫동안 우리를 지배해온 중력이 여전히 존재하는 세상에서 우리는 어떻게 다시 한 발을 내디딜 수 있을까?"

　중력을 거슬러 비행기가 결국 하늘로 떠오르듯, 우리 삶에도 중력을 뚫고 솟구치는 힘이 필요하다. 단 한 번의 거대한 도약이 아니라, 날개를 펼 수 있을 만큼의 속도와 방향이 모일 때 비행이 시작된다는 단순한 원리를 떠올려보자. 아주 미세한 변화가 어느 순간 오랫동안 굳어 있던 흐름을 흔들고, 그 흔들림이 또 다른 움직임을 불러오며, 조용히 우리의 인생 궤도를 바꿔놓을지도 모른다. 결국 중요한 건 우리가 어떤 루프에 이끌려 살고 있는가 하는 질문이다.

당신 안의 루프는 어떤 방향으로 작동하고 있는가?
자신을 바닥까지 끌어내리는 루프인가?
아니면 보이지 않지만, 분명히 위로 밀어 올리는 루프인가?

•

나를 결정했던
인생 최초의 힘

어린 시절 나는 누나들의 옷을 물려 입으며 자랐다. 가난한 농가에서 태어나 자랐기에 '내 것'을 가져본 경험이 거의 없었다. 남들에게는 당연한 것들이 왜 우리 집에는 없는지 이해할 수 없었지만 점심시간에 도시락을 열 때, 찰흙 대신 어머니가 산에서 퍼오신 흙을 꺼낼 때, 내 손은 당당함보다 먼저 부끄러움을 느꼈다.

부모님은 내게 한 번도 "공부해라", "숙제해라"라는 말을 하지 않으셨다. 공부보다 밭일이 더 중요한 집이었기 때문이다. 굶지는 않았지만, 배부르게 먹는 날도 드물었다. '결핍'이라는 단어를 배우기도 전에 내 안에는 이미 결핍의 감각이 자리 잡고 있었다. 설명이 아니라 체험으로 새겨진, 태어날 때부터 작동하던 첫 번째 루프였다.

나는 가난이 성격을 만든다는 사실을 누구보다 잘 안다. 가난은 하루의 기분을 결정하고, 친구를 사귀는 방식과 스스로를 바라보는 기준까지 미리 정해놓은 뒤 "이제 네가 선택해"라고 말한다. 나는 늘 선택하며 살았다고 믿었지만, 훨씬 나중에야 깨달았다. 내가 결정한 것이 아니라, 환경이 설계한 자동 반복 패턴인 루프가 나를 움직이고 있었다는 것을.

하지만 그 속에서도 이상하게 꺾이지 않는 자존심이 있었다. 음악 시간에 필요한 리코더 하나 사달라는 말조차 제대로 못 하면서도, 마음 한구석에서는 '그래도 나는 꽤 똑똑한 아이야'라는 자부심이 자리하고 있었다. 결핍과 자존심은 서로를 밀어내면서도 빛과 그림자처럼 나란히 따라다녔다. 부족함은 나를 조심스럽게 만들었고, 자존심은 흐트러지지 않게 붙잡았다. 이 두 감정이 매일 부딪히며 만들어낸 작은 반복들이 결국 내 사고의 결을 만들고, 삶의 흐름까지 결정했을지 모른다.

우리는 흔히 인생의 시작을 의지나 결단으로 설명하려 한다. 그러나 그 이전에 이미 오래된 루프들이 각자의 내부에서 작동하고 있다. 어떤 이는 '조심성'이라는 루프 위에서 자라나고, 어떤 이는 '포기하는 습관'이라는 루프 위에서, 또 다른 이는 '나는 원래 이 정도'라는 자기 제한 루프 위에서 자란다. 그 차이는 성격이 아니라 환경이 심어준 초기 프로그램의 차이다.

가난이 내 안에 심어놓은 '부족함'의 루프는 아주 어린 시절부터 성인이 될 때까지 동일한 패턴으로 움직였다. 부족함은 단순히 돈의 문제가 아니었다. '나는 충분하지 않다'라는 감정을 반복적으로 경험하게 만드는 일이었다. 교실 문을 열 때마다 마음속에서는 늘 같은 걱정이 일었다.

"혹시 누가 나를 이상하게 보진 않을까?"

"우리 집 형편 때문에 무시당하면 어떡하지?"

이런 생각은 사고라기보다 몸이 먼저 만들어낸 반응에 가까웠다. 집이 어려운 아이는 자연스레 눈치가 빨라지고, 그 눈치는 조심스러운 성격으로 이어진다. 주변을 살피고, 분위기를 읽고, 상대의 표정을 해석하는 일이 어린 나에게는 이미 익숙한 기술이었다. 사람을 이해하는 능력보다 위험을 감지하는 능력이 더 빨리 자란 셈이다.

그 능력은 생존에는 도움이 됐지만 성장에는 늘 장애가 됐다. 하고 싶은 말을 삼키는 습관, 다툼이나 큰 소리가 날 때 이유 없이 몸부터 움츠러들던 행동들. 이는 자신감 부족 때문이 아니라 '불필요한 충돌은 재앙이 된다'라는 오랜 경험이 가져온 체득에 가까웠다.

이것 역시 내 삶에 작동하던 루프였다. 조금이라도 위험한 기미가 보이면 얼어붙는 행동은 학교에서도, 동네에서도, 집에서도 비슷하게 나타났다. 어른들이 이야기할 땐 절대 말을 끊지 않았고, 줄을 설 때는 중간보다 뒤가 더 편했다. 먼저 나서는 일보다는 지켜보는 쪽이 안전하다고 느껴졌다.

겉으로는 얌전하고 예의 바른 성격처럼 보였겠지만, 실제로는 몸이 매번 위험 신호를 감지해 자동으로 조절한 결과였다. 흥미로운 점은, 이런 반복이 시간이 흐르며 '성격'이라는 이름으로 굳어진다는 것이다.

우리는 자신이 반복하는 행동을 본래의 성향으로 착각한다. 소심함, 신중함, 예민함 같은 말들은 흔히 기질을 설명하는 단어로 쓰이지만, 사실은 삶에서 가장 오래 지속된 루프가 성격처럼 보이는 것일 뿐이다.

나도 그랬다. 나는 항상 조심스럽고 안정적인 사람이라고 믿었지만, 돌이켜보면 그것은 성격이 아니라 '조심해야만 안전하다'라는 어린 시절의 루프가 굳어진 결과였다. 루프는 공부를 시작할 때도, 사람들과 어울릴 때도, 새로운 꿈을 그리려 할 때도 같은 방식으로 작동했다. 하고 싶은 일이 있어도 깊이 들여다보지 않았고, 할 수 있을 것 같아도 나서지 않았다.

학교에서 발표할 때면 가슴이 유난히 빨리 뛰었다. 말실수를 하면 안 된다는 두려움 때문이 아니라, '나에게 시선이 몰리는 상황'이 불편했다. 수업 시간에 선생님이 "누가 먼저 해볼래?"라고 물으면, 나는 가장 먼저 눈을 피했다. 다른 아이들이 앞다투어 손을 들 때도 나는 고개를 숙였다.

청소년기에도 이 패턴은 변하지 않았다. 모르는 문제를 질문할 때도, 도움을 요청할 때도, 나는 망설였다. 다른 사람에게 불편을 줄까 봐서가 아니라 '내가 부족하다는 사실이 드러날까 봐' 두려웠기 때문이다. 가난은 "부족함은 드러나면 안 된다"라는 묵직한 메시지를 함께 남겼고, 나는 그 메시지를 반복적으로 실행하는 루프에 갇혀 있었다.

문제를 못 풀어도 선생님께 물어보지 못하고, 수업 후에 혼자 교실 뒤편에서 끙끙대며 시간을 흘려보냈다. 그 과정에서 마음속은 늘 불안과 위축으로 가득했다. 친구들 앞에서는 아무렇지 않은 척했지만 속으로는 늘 비교하고 있었다. 누가 새 옷을 입고 오면 '우리 집은 저런 거 못 사주는데…'라는 생각이 먼저 들었고, 누가 영어 학원 다닌다고 하면 '나는 따라잡지 못하겠지'라는 체념이 스며들었다.

그 결과, 내 삶은 어느 순간 자연스럽게 소극적으로 흘러갔다. 크게 실패하지 않지만 동시에 크게 도전하지도 않는 삶. 조금 손해를 보더라도 안정감을 택하는 삶. 이것은 누구의 지시도, 내 의지도 아니었다. 그저 오랫동안 반복된 루프가 나를 그 방향으로 몰고 갔을 뿐이다. 더 놀라운 사실은, 그 당시에는 그 루프가 아무 문제도 없어 보였다는 점이다. 어른들은 나를 "착하고 성실한 아이"라고 칭찬했고, 나도 그 말을 별 의심 없이 받아들였다.

하지만 성실이 '위험을 피하려는 방식'으로 작동할 때, 그것은 더 이상 강점이 아니다. 보이진 않지만 그 뒤에는 '위험을 감수하면 실패한다'라는 무의식의 경고가 드리워져 있었기 때문이다. 가난이라는 환경에서 만들어진 최초의 루프는 이렇게 나를 조용히 '우리(cage)' 안에 가두었다. 내가 알아채기도 전에 선택의 방향을 정해놓고, 그 반복이 어느 순간 '원래 그런 나'라는 이름을 갖게 했다. 하지만 원래 그런 나는 존재하지 않는다. 그저 오래된 루프가 오래된 결과를 만든 것뿐이다.

아쉽게도 나는 이 사실을 무척 늦게 깨달았다. 조금 더 일찍 알았더라면 현재의 내 삶은 훨씬 더 달라졌을 것이다. 그러나 비록 늦게 깨달았을지언정 그 깨달음을 외면하지 않고 내 삶에 적극적으로 받아들인 것은 다행이라고 생각한다. 내 삶을 움직이는 루프가 있다는 것을 안 순간이 진정한 변화의 시작이었기 때문이다.

같은 상황이어도 어떤 이는 성공의 가능성을 떠올리고, 어떤 이는 실패의 그림자를 먼저 떠올린다. 이 차이는 재능이나 성격 이전에 각자의 삶에 오래도록 작용해온 루프의 크기와 방향에서 나온다.

나는 성공한 사람들을 가까이서 보며 한 가지 공통점을 발견했다. 그들도 '환경'이라는 중력에서 자유로운 존재가 아니었다. 다만 자신을 붙잡아두던 루프보다 조금 더 큰 루프를 만들었을 뿐이다. 새로운 루프는 새로운 방향을 보게 했고, 새로운 미래를 만들었다.

"세상을 보는 방식이 미래를 결정한다."

이 말은 결코 비유가 아니다. 결국 우리가 어떤 미래를 선택할 수 있는가는 우리 안에서 반복적으로 작용하고 있는 루프가 어떻게 작동하는지를 알고, 어떻게 다루는가에 달려 있다. 루프가 작동하는 방식에 따라 우리는 진창에 처박히기도 하고, 중력을 이겨내고 원하는 세상으로 이동하기도 한다. 삶은 변하지 않는다는 고정관념을 만들기도 하고, 내일은 나아질 수 있다는 확신을 갖게도 한다. 매일 아침 늦잠을 자게 만들기도 하지만, 새벽마다 한강에 나가 달리게 하기도 한다.

나는 모든 사람이 자신 안의 루프를 바꿀 수 있다고 확신한다. 하지만 먼저 필요한 것은, 내가 어떤 루프 위에서 자라왔는지를 있는 그대로 바라보는 용기다. 내가 무엇을 반복하며 살아왔는지를 들여다보는 것, 그것이 변화의 출발점이다.

●

보이지 않는 컨트롤러:
루프가 우리 대신 선택한다

내가 자라는 동안 가장 많이 들은 말은 "조용하고 성실한 아이"였다. 칭찬으로 받아들이긴 했지만, 사실 나는 일부러 조용히 있으려고 애쓴 적도 없었고, 성실해지기 위해 특별한 노력을 기울인 적도 없었다. 그저 그렇게 행동하는 편이 마음이 덜 불안했을 뿐이었다. 다른 아이들이 아무렇지 않게 넘기는 순간에도, 나는 늘 한 발 뒤에서 상황을 살피고 있었다.

대학에 진학해서도 크게 달라지지 않았다. 합격의 기쁨은 오래가지 않았다. 이번에는 가난 대신 '내가 무엇을 원하는지 알 수 없다'라는 공백이 새로운 루프를 만들었다. 게다가 '어차피 안 될 것'이라는 오래된 실패의 기억마저 조용히 자라나고 있었다. 그래서 대학 시절의 나는 '노력했다'라는 사실과 별개로 늘 뒤처져 있는 느낌을 지울 수 없었다.

한번은 큰맘 먹고 강의실 맨 앞줄에 앉아본 적도 있다. 하지만 낯설고 불편한 감정이 금세 밀려왔고, 결국 다시 뒷자리로 옮기고 말았다. 학기 초의 다짐은 중간쯤에서 흐릿해졌고, 나는 그 이유를 한동안 의지 부족이라고 착각했다. 지금은 안다. 그것은 의지의 문제가 아니라 오랫동안 유지된 루프를 흔들 때 나타나는 내적 저항이었다는 것을.

사람이 하루 동안 생각하고 행동하는 일들은 수없이 반복되며 그 사람만의 기준점을 만든다. 어떤 상황에서 무엇을 먼저 떠올리는지, 어떤 감정이 자동으로 반응하는지, 선택의 순간 무엇을 우선하는지. 이 모든 것이 루프를 구성하는 재료가 된다. 내 경우, 가난한 환경이 가장 먼저 작동한 루프였다. 단순히 가난이 나를 움츠러들게 했다는 말로는 부족하다. 더 정확하게 말하면, 가난이라는 환경이 하나의 루프로 작동했고 그것이 반복되며 내 삶의 첫 번째 내비게이션이 되었다. 문제는 그 내비게이션의 방향이 '확장'이 아니라 '축소'였다는 점이다. 그리고 나는 그 모든 것을 내 성격, 또는 노력과 의지의 부족이라고 믿으며 오랜 시간을 흘려보냈다.

그렇다면 루프가 우리를 가두는 억압인 것일까? 그렇지 않다. 루프는 속박이 될 수도 있지만, 동시에 희망의 구조이기도 하다. 같은 반복이지만, 어디에 힘을 실어 반복하느냐에 따라 전혀 다른 변화가 시작될 수 있기 때문이다.

루프는 계속해서 움직이는 성질을 갖고 있다. 결국 핵심은 '내가 루프를 움직이느냐, 아니면 과거의 루프가 나를 움직이느냐'다. 이 차이가 삶의 방향을 완전히 바꾼다. 어릴 때 배운 생존 방식은 한때 나를 보호하는 갑옷이었다. 하지만 시간이 지날수록 그 갑옷은 움직임을 방해하는 무거운 장비가 되고 만다. 더 이상 필요하지 않은데도 벗어버릴 수 없다. 몸에 너무 익숙해서, 벗는 것 자체가 두려워지기 때문이다. 그러나 반드시 이렇게 물을 수밖에 없는 때가 온다.

"계속 이렇게 살아갈 것인가?"

그 질문을 마주하면 과거의 패턴은 더 이상 변명이 될 수 없다. 그때부터는 '지금 여기'에서 어떤 선택을 하느냐가 중요해진다. 그 선택이야말로 다음 루프의 방향을 결정하는 첫 신호이기 때문이다. 사람의 성격도, 감정도, 선택도 결국에는 반복에서 만들어진다. 반복은 몸에 새겨지는 기록이고, 그 기록은 삶의 길이 된다.

내가 어떤 루프 속에서 살아왔는지 깨닫는 일은 때로 아프지만, 동시에 해방의 시작이다. 이전에는 보이지 않던 선택지가 나타나고, 그 선택지는 곧 다른 반복을 만들어낸다. 오래되고 낡은 루프를 멈추고, 비로소 다음 장으로 넘어갈 준비를 하는 것이다.

내 현실을
바꾼
루프

실패와 좌절에서
도전과 성취로

가난한 시골 농가에서 태어나 서울에 있는 명문대에 진학한
것은 개인적으로도 무척 고무적인 일이었다. 당시 전도가 유
망한 직군에서 일할 수 있겠다는 생각으로 공과대학에 입학했
지만 나는 대학에서 처음으로, 노력으로도 뚫지 못하는 벽을
만나고 말았다. 전공 수업을 따라가기 위해 나름대로 열심히
공부했지만, '열심히 한다는 것'만으로 해결되지 않는 문제가

있었으니 바로 수학의 기초가 아예 없었던 것이다.

중고등학교 시절 나는 제대로 된 수학 공부를 해본 적이 없었다. 학원에 다니거나 과외를 받아본 적도 없었고, 부모님도 공부에 대한 압박을 하지 않았다. 내가 살았던 지역에는 고등학교 입시가 있었는데, 진학률이 높은 좋은 고등학교에 떨어져서 차선으로 선택한 고등학교에 들어가야만 했다.

운 좋게 서울에 있는 대학교로 진학은 했지만 모든 게 낯설고 생경했다. 교수님의 판서가 칠판을 가득 채울 때마다 머릿속은 종이처럼 하얘졌다. 다들 문제를 풀고 이해하고 질문까지 하는데, 나는 어디서부터 막힌 건지도 몰랐다. 생전 처음 느껴보는 좌절감이었다.

'나는 이 친구들을 이기지 못하겠구나. 이 분야에서 절대 성공할 수 없겠구나.'

그건 단순한 좌절이 아니라, 존재의 밑바닥에서 올라오는 패배감이었다. 첫 번째 학사경고는 그냥 실수라고 생각했다.

'적응이 늦어서 그런 거겠지, 다음 학기에는 괜찮겠지.'

두 번째 학사경고가 날아왔을 때도, 여전히 '조금만 더 하면 어떻게든 되겠지'라고 믿었다. 하지만 세 번째 학사경고를 받고 나자 노력으로 될 문제가 아니라는 것을 깨달았다. 정말로 그것은 '노력 부족'의 문제가 아니었다. 문을 찾지 못해서 계속 같은 벽에 머리를 부딪치는 상황이었다. 공부를 안 한 것이 아니었다. 나는 밤새 책상에 앉아 있었고, 공식 하나라도 이해하려고 필기 노트를 반복해서 들여다봤지만, 기초가 없으니 아무리 들여다보아도 이해할 수 없었다. 무너진 기초는 파국적 루프를 만들었다.

수업을 이해하지 못한다 → 불안해진다 → 불안을 피하려 미룬다 → 결국 시험에서 무너진다 → 다음 학기에도 또 같은 루프가 반복된다. 내 대학 시절은 이 사이클이 완벽하게 돌아가는 현장이었다. 나는 부족함을 회피했고, 회피는 불안을 키웠고, 불안은 공부를 미루게 만들었고, 미룸은 실패로 이어졌다. 그리고 그 실패는 다시 회피를 부르고, 더 큰 불안과 더 큰 미룸이 뒤따랐다.

당시 나를 지배하고 있던 좌절의 루프는 새로운 게 아니었다. 가난했던 시절에 익힌 '못해도 괜찮아. 기대하지 말자'라는 체념, 실패를 감당할 자신이 없어 위험을 피하던 습관, 누구에게도 도움을 청하지 못하는 성격. 이런 조각들이 얽히고설켜 '파국적 루프'를 완성하고 있었다.

세 번째 학사경고를 받고 집으로 돌아오는 길, 지하철 창에

비친 얼굴은 내가 알던 얼굴이 아니었다. 나는 평생 처음으로 "나는 아무리 애써도 안 되는 인간인가?"라는 질문을 스스로에게 던졌다. 숨이 턱 막힐 만큼 고통스러웠다. 아무리 노력해도 안 된다는 기분을 느낀 적이 있는가? 내가 열 시간 걸려 한 일을 한 시간 만에 더 나은 결과로 만들어낸 사람을 본 적이 있는가?

전공 수업을 들을 때마다 나는 매번 이런 기분을 느꼈다. 더무서운 건 실패가 쌓이면서 내 사고 방식마저 바뀌어버렸다는 것이다. 처음에는 '해보자, 할 수 있다'라고 생각했던 결심이 '어차피 안 된다'로 침식되었다. 나는 한 번의 실패를 경험한 것이 아니라, 실패가 정해진 루프를 반복해서 학습하고 있었다. 그 시절의 나는 '더 잘해야 한다'가 아니라 '이러다가 또 무너질 텐데'라는 예감에 더 익숙했다. 실패의 예감은 무서운 예언처럼 정확했다. 그야말로 실패의 루틴에서 빠져나오지 못하고 있었다.

세 번째 학사경고가 떨어진 후 나는 결국 자퇴를 결정했다. 자퇴서를 제출하던 날, 유난히 하늘이 파랗던 것이 기억난다. 종이 한 장이 내 운명을 가르는 느낌이었다. 그러나 아이러니하게도 그 열패감 속에서 처음으로 아주 작은 '여백'을 느꼈다.

더는 떨어질 곳이 없다는 절망이 오히려 마음을 가볍게 했다.

그 마음으로 군대에 들어갔다. 그리고 그곳에서 예상치 못한 전환점이 시작되었다. 군대는 외부의 소음이 완전히 사라진 공간이었다. 해야 할 일은 분명했고, 선택해야 할 것은 거의 없었다. 그 단순한 구조 안에서 나는 생전 처음으로 '나에게 남은 것이 무엇인지'를 생각할 시간이 생겼다. 그 시간 끝에 남은 건 단 하나였다. 수학의 개념을 이해하는 기초부터 다시 공부할 것.

나는 수학의 기초가 없는 사람이었다. 그리고 그 기초를 갖추지 못하면 어떤 인생도 설계할 수 없다고 생각했다. 군대에서 시간을 허투루 흘려보내지 말고, 다시 시작하기로 결심했다. 처음에는 무엇을 해야 할지 막막했지만, 곧 명확해졌다. 다시 '중학생'이 되어야 했다. 어머니에게 부탁해서 중학교 수학 교과서와 문제집을 보내달라고 했다. 처음 문제집을 펼쳤을 때, 성인이 된 내가 세발자전거를 타고 다시 달리기 시작하는 기분이었다. 어색하고 부끄럽고, 무엇보다 '이걸 지금 해야 하나?'라는 자괴감이 밀려왔다. 주변 눈치도 보였지만 더 두려웠던 것은 '그래도 또 이해하지 못하면 어떡하지?'라는 두려움이었다.

하지만 주변의 눈치나 두려움보다 더 큰 것은 수학의 기초만큼은 반드시 다시 쌓아야 한다는 절박함이었다. 중학교 1학년 수학 교과서를 펼치고 자연수의 개념부터 시작했다. 분수의 덧셈, 소수, 비율…. 한 장 한 장 넘길 때마다, 모호했던 개념이 또렷하게 느껴졌다.

옛날에는 왜 이것들이 안 보였을까? 나는 그 답을 군대에서 알게 되었다. 삶이 복잡할수록 기초는 보이지 않는다. 기초가 보이지 않으면 사람은 자신을 탓한다. 그리고 그 자책은 다시 불안과 회피를 부르고, 루프를 무너뜨린다. 하지만 군대에서는 복잡함이 사라졌다. 누군가의 집착도, 비교도, 성과도 없는 곳. 오직 나와 문제집만 남아 있는 단순한 공간에서 나는 차근차근 기초를 다질 수 있었다.

중학교 수학을 마치고 고등학교 수학으로 넘어갈 무렵에는 조금의 자신감마저 생겼다. 수학을 못 하는 사람에서 '수학의 개념을 이해할 수 있는 사람'이 되는 감각이었다. 이 감각은 군대에서 얻은 가장 큰 자산이었다. 그리고 이 일은 나중에 내 인생 전체를 다시 설계하게 만든 출발점이었다.

이때는 내 안에서 작동하는 자동 시스템이 이미 자리 잡고 있고, 그것은 오랜 시간 동안 무수히 반복해온 행동이 쌓여 형성된 것이며, 바로 이것이 루프라는 것을 전혀 알지 못할 때였지만, 하루도 빼놓지 않고 매일 일정한 시간을 수학 공부에 할애하면서 내가 변하고 있다는 것만은 확실하게 깨달았다. 정확히 무엇인지 몰라도 내 삶에 지대한 영향을 미치는 힘이 있고, 그것이 다르게 작동하기 시작했다는 것을 어렴풋이 느끼기 시작한 것이다.

과거의 잘못을 반복하지 않기 위해서라도 앞으로 어떤 일을 해야 하는지 깊게 고민했다. 적어도 학사경고를 세 번이나 맞은 전공에 다시 도전하는 일은 아니었다. 그런 점에서 군 시절 내내 놓지 않았던 수학 공부는 여러모로 도움이 되었다. 수학에 자신감이 생기자 대학 입시를 다시 쳐서 전문직으로 일할 수 있는 의대나 한의대를 가자고 결심했다. 결과적으로 한의대를 선택한 이유는 나이에 대한 부담 때문이었다. 의대에 비해 나이대가 다양한 한의대에서 공부하는 게 현실적으로 더 적응하기에 수월할 듯했다.

제대 후 수능까지 남은 시간은 고작 6개월이었다. 짧다면 짧은 시간이었지만 내게 주어진 최선의 시간이자 마지막 기회이기도 했다. 더 이상 돌아갈 대학도, 미룰 여유도 없다는 사실이 오히려 마음을 단단하게 만들었다.

책상 앞에 앉는 일은 더 이상 두려운 행동이 아니었다. 이미 군대에서 새로 만든 학습 루프가 작동하고 있었다. 낮에는 도서관에서 문제집을 풀고, 밤에는 수능 기출을 분석했다. 머릿속에 구멍처럼 뚫려 있던 부분들이 하나둘 메워지는 느낌이 들었다.

드디어 수능 날, 차분하게 시험지를 펼쳤다. 담담하게 내가 아는 답을 쓰기 시작했다. 그리고 결과가 나왔다. 한의대 합격. 그동안 내 삶을 지배하던 축소 루프가 끝나고, 새로운 루프가 움직이기 시작한 순간이었다.

한의대에서의 공부는 이전과 비교할 수 없을 만큼 즐거웠다. 수업을 들을 때마다 내가 알던 개념들이 서로 맞물리면서 확장되는 느낌이었다. 인간의 몸과 기전을 이해할 때마다 내가 머무는 세계가 넓어졌다. 처음 알게 되는 지식을 하루 종일 붙잡고 싶은 충동을 느꼈다. 살면서 한 번도 느껴보지 못한 종류의 기쁨이었다. 무엇보다 놀라웠던 건, '어렵다'라는 이유로 도망치던 과목들조차 이제는 도전하고 싶다는 의지가 생겼다는 점이다. 그동안 강력하게 작동하고 있던 '불안 → 회피 → 미룸 → 실패'라는 루프가 '이해 → 흥미 → 몰입 → 성취 → 확장'이라는 루프에 자리를 내주는 순간이었다. 한의대에서 공부한 시간은 새롭게 작동하는 루프가 나를 어떻게 변화시키는지를 체험한 시기였다. 나는 더 이상 과거의 루프에 매여 있는 사람이 아니었다. 새로운 루프 위에서 다시 시작한 사람이었다.

•

오늘부터 다르게
살고 싶다면

내가 루프라는 구조를 깊게 이해하게 된 또 하나의 결정적 계기는 진료실에서 오랜 시간 환자들과 시간을 보낸 일이었다. 한의원에는 같은 증상으로, 같은 시기에, 비슷한 생활 패턴을 가진 사람들이 찾아왔다. 치료를 시작하면 분명 증상이 좋아졌다. 통증도 줄었고, 컨디션도 회복되었다. 그런데 몇 달이 지나 다시 마주하면, 놀랍게도 거의 모두가 예전으로 다시 돌아가 있었다. 처음엔 이렇게 생각했다.

'몸을 돌보는 습관이 아직 안 생겨서 그렇지. 조금만 신경 쓰면 달라질 거야.'

하지만 설명을 더 자세히 하고, 주의 사항을 더 강조해도 결과는 크게 달라지지 않았다. 그때 문득 같은 무대 위에서 펼쳐지는 같은 연극을 반복해서 보고 있는 느낌이라는 생각이 들었다.

배우는 매번 다르다. 대사는 조금씩 바뀌고, 표정도 달라진다. 하지만 무대 장치는 그대로다. 조명은 같은 각도에서 비추고, 배경은 바뀌지 않으며, 동선도 늘 같다. 그러니 연극의 흐름이 달라질 리 없다. 환자들의 삶도 꼭 그랬다. "원장님, 이번엔 꼭 제대로 관리할게요"라는 다짐을 반복했지만, 환경이 거의 바뀌지 않으니 결과도 달라질 리 없었다.

우리가 같은 환경에 머문다면, 루프도 예전과 같은 방식으로 작동한다는 걸 그제야 깨달았다. 같은 환경에서 사람은 같은 신호에 반응하고, 비슷한 선택을 했다. 아무리 마음을 다잡아도 무대 장치가 그대로라면 연기는 다시 원점으로 돌아간다. 진료실에서 내가 마주한 건 의지의 문제가 아니라, 무대가 바뀌지 않은 삶이었다. 그때부터 증상만 보지 않고, 그 사람이 매일 서 있는 무대를 보기 시작했다. 잠들기 전 어떤 환경에 놓여 있는지, 아침에 눈을 뜨자마자 무엇을 하는지, 피곤할 때 가장 쉽게 손이 가는 선택지는 무엇인지. 이 질문들에 답이 모이자, 왜 같은 문제가 반복되는지 보이기 시작했다.

기존의 낡은 루프를 바꾸는 데 무대를 완전히 바꿀 필요는 없었다. 같은 연극이라도 소품 하나를 치우고, 조명의 각도만 살짝 바꿔도 분위기는 전혀 달라지는 법이다. 환경을 바꾼다고 해서 멀리 이사를 하거나 대대적으로 집 정리를 하는 등의 거대한 결단이 필요한 것은 아니다. 오히려 아주 작은 변화 하나가 숱한 결심과 의지로는 흔들리지 않던 루프를 단숨에 뒤집는 경우가 많았다.

예를 들어 잠잘 때는 휴대폰을 방 밖에 놓는 행동 하나로 불면 습관이 호전되었다. 눈에 잘 띄는 현관 자리에 운동화를 꺼내두면, 미뤄왔던 운동을 시작하기도 했다. "해야지"라고 마음 먹어서가 아니라, 환경이 먼저 행동을 불러냈기 때문이다. 이 장면을 진료실 밖, 내 삶에서도 그대로 확인하게 되었다.

열차는 정해진 레일 위를 달린다. 레일을 바꾸지 않는다면, 열차는 늘 같은 종착지에 도착할 것이다. 기관사가 아무리 방향을 바꾸고 싶어도 레일이 그대로라면 소용이 없다. 반대로 단 한 구간에서 선로전환기가 한 번만 작동해도 도착지는 완전히 달라진다.

삶도 그렇다. 변화의 출발점은 마음이 아니었다. 우리가 매일 반복하는 행동에 있었다. 그리고 그 행동은 물리적 배치나 동선의 변경 같은 소소한 환경의 변화에 민감하게 반응했다.

마음을 바꾸려고 애쓰기보다, 부정적인 루프가 자동으로 작동하는 환경을 바꾸는 게 한결 쉬운 일이다.

이 지점에서 떠오른 이론이 하나 있었다. 환자를 진료하면서, 또 내 삶의 루프를 하나씩 관찰하면서 느낀 감각과 정확히 맞아떨어지는 설명이었다. 2017년 행동경제학을 체계화한 공로로 노벨 경제학상을 받은 리처드 탈러(Richard H. Theler)와 법학자 캐스 선스타인(Cass R. Sunstein)이 함께 쓴 《넛지(Nudge)》에는 이런 실험이 나온다. 학교 급식대에 과일을 눈에 잘 띄는 위치에 두었더니, 학생들의 과일 섭취량이 눈에 띄게 늘어났다는 이야기다. 메뉴를 바꾼 것도 아니고, 아이들에게 "과일을 먹어야 해"라고 설득한 것도 아니었다. 아이들의 의지가 갑자기 강해진 것도 아니었다. 단지 배치를 바꿨을 뿐이었다.

이 실험을 읽으며 고개가 끄덕여졌다. 진료실에서 내가 보고 있던 장면들과 너무도 닮아 있었기 때문이다. 사람들은 흔히 "나는 의지가 약해서 그래요"라고 말한다. 하지만 실제로는 의지가 발휘되기 전에 이미 선택이 끝나 있는 경우가 훨씬 많다. 과자가 시야에 들어오면 생각할 틈도 없이 손이 간다. 스마트폰 알림이 울리면, 이유를 묻기도 전에 화면을 켠다. 책상이 어질러져 있으면 집중이 흐트러지고, 반대로 정돈된 공간에 앉으면 괜히 책 한 장이라도 펼치게 된다. 내가 결정을 내린 것 같지만, 그보다 먼저 환경이 신호를 보냈고, 몸이 반응한 것에 가깝다.

이걸 깨닫고 나서부터 나는 환자에게도, 나 자신에게도 질문을 바꾸기 시작했다. "의지가 약한가?"가 아니라, "이 행동을 불러오는 환경이 그대로 남아 있지 않은가?"라고 물었다. 금연을 결심한 사람을 떠올려보자. 오늘 하루 담배를 참았다고 해서 문제가 해결된 건 아니다. 집 안 곳곳에 라이터와 재떨이가 그대로 있고, 차 안 컵홀더에 담배가 들어 있다면, 의지는 매 순간 시험대에 오른다. 반대로 집과 차, 사무실에서 흡연과 관련된 물건을 모두 치운 사람은 같은 결심을 했더라도 훨씬 수월하게 금연을 이어간다. 이 차이는 성격의 문제가 아니라, 신호의 문제다.

진료를 하다 보면 비슷한 장면을 자주 본다. 통증이 재발하는 사람, 생활 관리가 번번이 무너지는 사람들의 공통점은 결심이 부족해서가 아니다. 그들을 다시 원래의 상태로 끌어당기는 환경이 그대로 남아 있다. 몸은 환경에 반응하고, 환경은 조용히 루프를 작동시킨다. 환경은 단순한 배경이 아니다. 때로는 선택을 밀어주는 보이지 않는 손이고, 때로는 의지를 압도하는 가장 강력한 힘이다. 루프는 종종 마음속에서 시작되는 것처럼 보이지만, 실제로는 책상 위, 방 안, 주머니 속, 손이 닿는 위치에서 먼저 작동한다.

그래서 루프를 바꾸고 싶다면 결심부터 고칠 게 아니라 환경부터 살펴봐야 한다. 무엇이 눈에 보이고, 무엇이 손에 닿고, 무엇이 가장 먼저 나를 부르는지 알아야 한다. 그 신호를 바꾸는 순간, 루프는 의외로 조용하게 방향을 튼다. 매번 마음을 다잡지 않아도 된다는 사실, 나를 탓하지 않아도 된다는 사실, 그저 환경이라는 현실적인 레버를 조정하면 된다는 확신은 얼마나 좋은 뉴스인가.

●

나를 뛰어넘는 도전이
나를 성장시켰다

다니던 대학을 그만두고 한의대에 진학한 일은 내 인생을 크게 바꾼 일임엔 틀림없었다. 학사경고를 맞을 정도로 적성에 맞지 않는 전공을 붙잡고 있었다면 내 인생이 어떻게 되었을까? 한의원을 개업해 성공적으로 운영하면서 재정적 안정을 이룬 것도 다행스러운 일이었다. 그럼에도 내 인생에서 가장 큰 '변곡점'을 꼽으라면 우울증을 경험하고 그로 인해 새로운 도전을 하게 되었다는 점이다. 그리고 그 도전의 한가운데에 '카약'이 있었다.

카약이라니. 상당히 뜬금없는 이야기로 들릴 것이다. 나도 내가 매일 새벽 5시에 일어나 카약을 타러 가는 사람이 될 줄은 몰랐다. 예전부터 익스트림 스포츠를 즐기긴 했지만, 카약은 언젠가 기회가 되면 타보고 싶다고 막연하게 생각하는 정도였을 뿐 본격적으로 배울 생각을 하진 않았다. 그러나 다리를 다쳐 즐기던 운동을 못하니 우울감이 심해졌다. 다리를 과도하게 쓰지 않는 운동을 찾을 수밖에 없었다. 다행히 카약은 발목에 무리가 가는 운동은 아니었다. 게다가 이런 생각도 들었다.

'언제까지 미루기만 할 거야? 당장 해도 되잖아.'

이렇게 생각하니 더 이상 미룰 이유가 없었다. 당장 동호회에 가입하고 카약을 샀다. 기타를 배우고 싶으면 기타부터 사야 하듯, 카약을 배우려면 일단 카약을 사는 게 맞는 일이었으니까. 막상 카약을 사고 나니 남은 일이 또 있었다. 카약을 차 지붕에 싣고 다녀야 하니 차도 바꿔야 했던 것이다.

비로소 내가 왜 미루고 있었는지 선명하게 깨달을 수 있었다. 카약을 배우겠다는 목표보다 과정에서 일어나는 귀찮은 일을 하기가 싫어서였다. 하고 싶은 일을 추진하는 루프보다 미루기 루프가 강력하게 작동하고 있었던 셈이다.

조금 과장되게 말하면, 내 인생은 카약을 타기 전과 후로 나뉜다고 할 정도로 커다란 분기점이 되었다. 물론 '카약' 그 자체에 마법의 비밀이 있어서는 아니다. 그보다는 내가 카약을 타면서 깨닫고 변하고 배운 것이 엄청나게 많아서인데, 그 핵심은 바로 안주하지 않고 새로운 일에 도전한 것이라고 할 수 있다. 그것이 나에겐 카약이었지만 누군가에겐 운전을 배우는 일이 될 수도 있고 누군가에겐 외국어를 배우는 일이 될 수도 있을 것이다. 또 누군가에겐 집 정리가 될 수도 있을 것이다. 그게 무엇이든 머뭇거리면서 미루던 일에 도전해서 매일 반복하면 엄청난 삶의 변화를 만들어낼 수 있다. 완전히 새롭게 작동하는 루프를 만드는 일이기 때문이다.

차를 바꾸고, 카약을 차 지붕에 올리고, 새벽 공기를 가르며 한강으로 향하던 첫날을 나는 아직도 또렷하게 기억한다. 강변에 도착했을 때 하늘은 아직 완전히 밝지 않았고, 물 위에는 옅은 안개가 깔려 있었다. 도시는 이미 깨어 있었지만, 강은 다른 시간대를 살고 있는 것처럼 고요했다. 물 위에 카약을 띄우는 순간, 묘한 긴장감이 올라왔다. 설렘이라기보다는 낯선 세계에 발을 들여놓는 사람 특유의 경계심에 가까웠다.

처음 패들을 잡았을 때, 생각보다 훨씬 불안정하다는 걸 바로 느꼈다. 카약은 가만히 있어 주지 않았다. 몸의 무게 중심이 조금만 틀어져도 카약은 즉각 반응했다. '힘을 주면 되겠지'라고 생각한 순간, 오히려 더 크게 흔들렸다. 의욕이나 힘이 아니라 균형을 잡는 일이 더 중요했다. 물 위에서는 내가 중심을 잡는 만큼만 앞으로 나아갈 수 있었다.

패들을 물에 담그는 순간부터, 내 의식은 급격히 좁아졌다. 오른손, 왼손을 끊임없이 움직일 뿐 머릿속에서 다른 생각이 끼어들 틈이 없었다. '잘하고 있는 건가?' 같은 질문을 던질 여유도 없었다. 질문을 던지는 순간 몸의 균형이 무너졌기 때문이다. 그래서 나는 생각하지 않기로 했다. 아니, 생각할 수 없었다. 오직 지금 해야 하는 동작과 다음 동작에만 집중했다. 몇 번의 시행착오 끝에, 패들과 물이 맞물리는 지점이 감각적으로 느껴지기 시작했다. 그 순간 카약은 신기할 정도로 곧게 나아갔다. 물살을 거스르는 느낌이 아니라, 물 위를 미끄러지듯 지나가는 감각. 그때 가슴 안쪽에서 작고 선명한 희열이 올라왔다. 오랜만에 느끼는 감정이었다.

그날 한강 위에서 내가 느낀 것은 엄청난 몰입감이었다. 시간이 어떻게 흘렀는지 알 수 없었고, 주변 풍경조차 나중에야 기억이 났다. 다만 그 시간 동안만큼은 우울도, 불안도, 미래에 대한 걱정도 존재하지 않았다. 내 정신은 온전히 '지금'에 붙들려 있었다.

'몰입이란 게 이런 거구나!'

머리로 알던 개념을 몸으로 처음 이해하는 순간이었다. 물 위에서 카약을 타고 있는 동안, 나는 이상하리만큼 가벼워졌다. 다리를 다쳤다는 사실도, 병원을 운영해야 한다는 책임도, 앞으로 무엇을 더 해야 할지에 대한 고민도 모두 잠시 뒤로 밀려났다. 대신 단순한 규칙만 남았다. 균형을 잡고, 방향을 정하고, 패들을 젓는다. 이 단순한 구조는 내 삶과 너무도 닮아 있었다. 생각이 많아질수록 흔들리고, 욕심이 앞설수록 방향을 잃는다는 점까지도.

강에서 나와 카약을 다시 차에 싣는 동안 몸은 피곤했지만, 정신은 놀랄 정도로 또렷했다. 그날 이후로 나는 거의 매일 새벽 한강으로 나갔다. 기대를 품고 간 날도 있었고, 아무 생각 없이 나간 날도 있었다. 하지만 물 위에 올라서는 순간만큼은 늘 같았다. 오직 패들을 젓는 일에만 집중했다. 돌이켜보면, 나는 그때부터 우울을 '이겨내려' 하지 않았다. 대신 우울감이 들어올 자리를 주지 않는 시간을 매일 만들었다.

몰입은 감정을 설득하지 않는다. 몰입은 감정을 압도한다. 생각의 소음을 끊고, 몸을 현재에 묶어두는 힘. 카약은 나에게 그 감각을 처음으로 가르쳐주었다. 그리고 이 단순한 몰입의 반복은 내 삶을 송두리째 바꿔놓았다.

나를 이롭게 하는
루프
작동시키기

•

나는 삶에서
'무엇'을 반복하고 있는가

많은 사람들이 '문제 해결 능력'을 키워야 한다고 말한다. 하지만 여기에는 함정이 있다. 문제에만 시선을 고정하면, 우리는 그 순간의 원인만 붙잡고 씨름하게 된다. 예를 들어, 프로젝트 마감에 늦었을 때 "왜 이번에 늦었지?"라고 묻는 것은 표면적인 원인 찾기다. 이번에는 자료가 늦게 왔다든지, 회의가 길어졌다든지 하는 구체적 이유가 나온다. 그런데 이상하게도, 다음 프로젝트에서도 또 마감이 늦는다. 이유는 매번 다르지만 결과는 같다. 이것이 루프를 보지 못하는 사람이 계속 실패하는 이유다.

루프는 시간 속에서 반복적으로 드러나는 '구조'다. 사건만 보는 사람은 매번 새로운 싸움을 한다. 하지만 루프를 보는 사람은 같은 전쟁터에 왜 자꾸 끌려가는지 안다. 내 안에 자리 잡은 루프를 본다는 것은 단순한 관찰이 아니라, 자신이 반복해서 밟아온 삶의 지도를 깨닫는 일이다. 감정이 폭발하는 순간, 일이 틀어지는 순간, 관계가 멀어지는 순간을 하나하나 점으로 찍어두면, 그 점들이 선이 되어 흐름을 드러낸다. 그 흐름을 꿰뚫어 볼 수 있어야 비로소 우리는 '다시는 같은 길로 가지 않겠다'라는 선택을 할 수 있다. 사건은 길을 가로막지만, 루프는 길 전체를 보여준다.

우리는 어떤 문제를 해결하려고 할 때 '이번 사건'을 중심에 두는 경우가 많다. 이번에 늦게 제출한 보고서, 이번에 놓친 약속, 이번에 잊어버린 결제. 그러나 사건은 표면에 드러난 얼음 조각에 불과하다는 사실을 아는가? 그 아래에는 일정한 방향으로 흘러가는 거대한 물살이 있는데, 그 물살의 패턴이 바로 '루프'다.

루프를 본다는 건 사건을 낱개로 다루는 대신, 그 사건들이 어떤 질서 속에서 반복되고 있는지를 읽는 일이다. 예를 들어, 회사에서 분기마다 비슷한 시점에 업무가 꼬인다면, 문제는 특정 프로젝트가 아니라 '일정 관리 방식'일 수 있다. 루프는 일회성이 아니기 때문에, 한 번 제대로 짚어내면 이후의 수많은 문제를 미리 차단할 수 있다.

스탠퍼드 대학교에서 실시한 행동설계 연구에 따르면, 행동 변화를 위해서는 '의도'를 강화하는 것보다 '구조'를 설계하는 편이 훨씬 효과적이라고 한다. 구조는 곧 루프를 형성하는 기반이 된다. 환경과 흐름이 바뀌면, 그 속에서 반복되던 잘못된 루프도 자연스럽게 깨진다.

루프를 관찰하면 원인을 단일 사건에 귀속시키는 습관에서 벗어나게 된다. 예를 들어, 마감을 자꾸 넘기는 사람은 원인을 '그날 컨디션이 안 좋아서'라거나 '자료를 늦게 받아서' 같은 사건에 두기 쉽다. 하지만 매번 비슷한 변명이 반복된다면, 진짜 원인은 컨디션도 자료도 아닌 '준비를 미루는 방식'일 가능성이 크다. 이때 필요한 건 변명의 목록이 아니라 일정한 패턴이 있는 루프의 지도다.

물론 이 지도는 한 번에 완성되지 않는다. 생활 속에서 '언제, 어떤 조건에서, 어떤 결과가 반복되는지'를 차분히 기록하는 일이 필요하다. 가령 중요한 미팅 전날 늦게까지 일을 벌이는 습관이 있다면, 그 뒤에는 '압박이 있어야 움직인다'라는 무의식적 루프가 숨어 있을 수 있다. 이것이 바뀌지 않으면, 미팅이든 보고서든 시험공부든 상황만 바뀔 뿐 같은 지연이 반복될 것이다.

이 과정에서 주의할 점이 있다. 루프는 때로 매우 은밀하게 작동한다. 겉으로 드러나는 행동은 다르게 보이지만, 그 뿌리는 같은 경우가 많다. 예를 들어, 운동 계획을 세웠다가 작심삼일로 끝나는 것과, 저축 계획을 세웠다가 중도에 포기하는 것은 다른 영역의 일처럼 보인다. 하지만 그 속에는 '작은 실패 후 빠르게 포기하는 경향'이라는 동일한 패턴이 숨어 있을 수 있다.

어떤 루프가 작동하고 있는지 알게 되면, 대처 방식도 달라진다. 사건 중심의 접근은 매번 상황에 맞춰 새로운 전략을 짜야 하지만, 루프 중심의 접근은 같은 근원을 겨냥한다. 작은 습관 하나를 바꿨을 뿐인데, 전혀 다른 영역의 문제들이 줄어드는 경험을 하게 되는 이유다.

마지막으로, 루프를 관찰할 때는 한 가지 중요한 전제가 있다. '나는 늘 같은 실수를 해'라는 인식이 아니라, '내 삶에는 반복되는 흐름이 있어'라는 시각을 갖는 것이다. 전자는 자기 비난으로 이어지고, 후자는 구조적 변화를 가능하게 한다. 루프는 비난의 근거가 아니라 개선의 단서라는 사실을 잊어서는 안 된다.

루프를 발견하는 가장 좋은 방법은 문제를 시간 위에 펼쳐 보는 것이다. 예를 들어, 어떤 직장인이 매년 4분기만 되면 카드값이 갑자기 늘어난다고 해보자. 그는 매번 "이 시기에 할인이 많으니까"라고 해석한다. 하지만 5년 치 가계부를 보면, 11~12월마다 반복되는 동일한 소비 루프가 선명하게 드러난다. 야근 뒤 늦은 밤, '오늘만 특가'라는 휴대폰 알림을 보고 쇼핑 앱을 열어 보상구매를 누적한다. 그에게 문제는 '세일'이 아니라 '압박이 큰 시기에 보상구매로 스트레스를 해소하는 루프'일 수도 있다.

사건을 하나하나 놓고 보면 우연처럼 보이지만, 시간의 축에 올려놓으면 패턴이 선명해진다. 반복되는 시점, 조건, 전조증상이 드러난다. 어떤 사람은 금요일 오후마다 불필요한 지출을 하고, 또 다른 사람은 중요한 발표 직전에만 극도의 불안을 느낀다.

감정 역시 루프의 일종이다. 어떤 루프는 특정 감정에서 시작되는 경우가 많다. 외로움이 들면 무리한 연락을 하고, 불안이 몰려오면 불필요한 검색을 하고, 분노가 치밀면 똑같은 말싸움을 되풀이한다. 감정은 사건을 일으키는 불씨이고, 그 불씨가 점화되면 루프는 자동으로 돌아간다. 문제를 반복해서 기록하다 보면, '나는 왜 늘 같은 감정에서 같은 행동으로 가는가?'라는 질문이 생긴다.

중요한 것은 감정을 단순히 '좋다/나쁘다'로 나누지 않는 것이다. 이럴 때에는 감정에 구체적인 이름을 붙이면 도움이 된다. '짜증', '우울', '무기력' 등 감정에 적절한 이름을 붙이면, 그 감정이 언제 루프를 촉발하는지 분명하게 볼 수 있기 때문이다. 루프를 본다는 것은 사건의 뒤에 있는 구조를 보는 것이다. 루프는 절대불변하는 운명이 아니다. 내가 만든 것이기에, 내가 바꿀 수 있다. 앞으로는 문제를 만날 때마다 이렇게 자문해 보자.

"이건 하나의 사건인가, 아니면 오래된 루프의 반복인가?"

이 질문 하나가 당신이 그토록 벗어나고 싶던 굴레에서 벗어나 새로운 길로 들어서게 해줄 것이다.

나는 그것을
'왜' 반복하고 있는가

사람은 흔히 자신을 '선택하는 존재'라고 믿는다. 내가 원해서 먹고, 내가 결정해서 미루고, 내가 게을러서 실패했다고 생각한다. 그러나 루프의 관점에서 보면 우리는 생각보다 훨씬 덜 선택하고, 훨씬 더 많이 반응한다. 결심은 의식의 언어지만, 루프는 무의식의 언어다. 문제는 대부분의 삶이 의식이 아니라 무의식의 언어로 굴러간다는 데 있다.

결심이 실패하는 이유는 단순하다. 결심은 순간적인 선언이지만 루프는 이미 수백 번, 수천 번 반복된 자동 프로그램이기 때문이다.

뇌는 새로운 선택보다 익숙한 선택을 선호한다. 이는 게으름의 문제가 아니라 효율의 문제다. 신경과학적으로 보아도 반복된 행동은 에너지를 덜 쓰는 회로로 저장된다. 그래서 우리는 피곤할수록, 바쁠수록, 감정이 흔들릴수록 더 쉽게 예전 루프로 돌아간다. 의지가 약해지는 순간이 아니라, 의지가 필요 없는 상태로 삶이 굴러가는 순간인 것이다.

이 지점에서 중요한 사실 하나를 짚고 넘어가야 한다. 루프는 반드시 '보상'을 동반한다는 점이다. 아이스크림은 단순한 음식이 아니라 하루를 버텨낸 나에게 주는 즉각적인 위안이고, SNS는 정보가 아니라 불안을 잠시 잊게 해주는 진통제이며, 넷플릭스는 콘텐츠가 아니라 생각하지 않아도 되는 시간이다. 우리는 문제 행동을 반복하는 것이 아니라, '익숙한 보상'을 반복하고 있는 것에 가깝다. 그래서 "하지 말아야지"라는 결심은 힘이 약하다. 그 결심은 보상을 대체하지 못하기 때문이다.

앞에서 '긴 시간 동안 무엇을 반복해왔는가?'를 물었다면, 이제는 이렇게 물어야 한다.

"나는 '왜' 그 행동을 계속 반복하고 있는가?"

그 질문 끝에는 반드시 보상이 있다. 그리고 그 보상을 이해하지 못한 채 행동만 끊으려 하면, 루프는 다른 모습으로 되살아난다. 야식을 끊으면 군것질이 늘고, SNS를 끊으면 쇼핑 앱을 켜고, 넷플릭스를 줄이면 유튜브 쇼츠를 넘긴다. 루프는 사라지지 않는다. 형태만 바뀔 뿐이다.

그래서 루프를 바꾼다는 것은 참으로 구체적인 작업이다. 추상적인 다짐이 아니라 환경, 동선, 순서, 시작 신호 등을 다시 설계하는 일이다.

인간은 생각보다 환경에 취약한 존재다. 냉장고에 무엇이 들어 있는지, 침대 옆에 무엇이 놓여 있는지, 아침에 눈을 떴을 때 가장 먼저 무엇이 보이는지가 하루의 방향을 결정한다. 루프는 마음속이 아니라 대부분 눈앞에서 시작된다.

여기서 또 하나 강조할 점이 있다. 루프는 행동만이 아니라 정체성과도 연결되어 있다는 사실이다. "나는 원래 이런 사람이야"라는 말은 설명이 아니라 선언에 가깝다. 매번 늦잠을 자는 사람은 '늦잠을 자는 사람'이라는 정체성을, 매번 미루는 사람은 '미루는 사람'이라는 정체성을 조금씩 강화한다. 반대로 말하면, 아주 사소한 반복이 새로운 정체성을 만든다. 일주일에 세 번 운동하는 사람이 되는 게 아니라, 운동을 빠지지 않고 다시 시작하는 사람이 되는 것이다.

결국 삶을 바꾸는 것은 거창한 각오가 아니다. 어느 날의 결심이 아니라, 다음 날의 행동이다. 그리고 그 행동이 다시 일어나도록 돕는 구조다. 당신이 계속 같은 문제를 겪고 있다면, 그것은 당신이 부족해서가 아니라 당신을 그 문제로 데려가는 루프가 아직 그대로이기 때문이라는 점을 잊지 말자.

●

루프에
어떻게 개입할 것인가

루프의 원리를 이해했고, 내가 무엇을 반복하는지도 알게 되었다. 왜 그 행동을 계속하는지도 이제는 설명할 수 있다. 그런데도 막상 바꾸려 하면 막막해진다. 무엇을 하지 말아야 하는지는 알겠는데, 무엇을 해야 하는지는 선명하지 않다. 그 간극 앞에서 사람들은 다시 의지의 문제로 되돌아간다.

하지만 여기서 분명히 짚고 넘어가야 할 사실이 있다. 반복을 멈추는 것만으로는 삶이 바뀌지 않는다는 점이다. 인간의 뇌는 '공백'을 싫어한다. 익숙한 루프를 끊어버리면 그 자리에 반드시 다른 루프가 들어온다. 그래서 나쁜 습관을 끊겠다고 마음먹은 사람일수록 얼마 지나지 않아 또 다른 방식의 문제 행동을 만들어낸다. 익숙한 행동을 그만두었을 때 아무것도 하지 않는 상태로 머물러 있기란 얼마나 어려운 일이던가.

우리가 반복하는 것은 행동 그 자체가 아니라 그 행동이 맡고 있던 기능이다. 위안을 주고, 긴장을 풀어주고, 생각을 미루게 해주던 역할 말이다. 그래서 하나의 행동을 지워도, 그 기능을 대신할 무언가는 다시 등장한다. 의식하지 못한 사이에 삶은 스스로 균형을 맞추려 하기 때문이다.

그렇다면 내 삶에 부정적인 영향을 미치는 루프를 어떻게 멈출 것인가? 의외로 답은 간단하다. 멈추는 데서 끝내는 게 아니라 새로운 루프를 만드는 것이다. 즉 좋은 루프를 만들면 된다. 반복을 멈추는 일은 곧 새로운 반복을 설계하는 일과 같다. 끊는 것보다 더 중요한 건 무엇으로 대체할 것인가다. 즉, "나는 무엇을 하지 않을 것인가?"가 아니라, "나는 무엇을 반복할 것인가?"를 물어야 한다.

루프에 개입한다는 것은, 더 나은 선택을 매번 고민하겠다는 선언이 아니다. 오히려 그 반대다. 고민하지 않아도 자동으로 흘러가게 만드는 행동을 하나 정하는 일이다. 밤마다 불안한 마음에 SNS를 켜던 사람이라면, 그 불안이 올라오는 시간에 차를 끓이는 행동을 반복해볼 수 있다. 퇴근 후 소파에 주저앉아 시간을 흘려보내던 사람이라면, 집에 들어오자마자 운동화를 신는 행동을 먼저 해볼 수 있다. 변화가 일어나는 건 이 행동들이 대단해서가 아니다. 기존 루프가 시작되기 전에 끼어들 수 있기 때문이다.

여기서 중요한 원칙이 하나 있다. 새로운 루프는 '잘 해낼 수 있는 행동'이 아니라, 실패할 수 없을 만큼 작은 행동이어야 한다는 점이다. 행동과학자 B. J 포그(B. J. Fogg)는 행동 변화의 핵심 조건으로 '동기'보다 '용이성'을 강조한다. 우리는 하고 싶은 일을 못 하는 게 아니라, 하기 어려운 일을 계속 목표로 삼기 때문에 실패한다는 것이다.

그래서 새로운 루프의 시작점은 늘 우습게 느껴질 정도로 작아야 한다. 스트레칭 30분이 아니라 팔 벌려 기지개 켜기, 글 한 편이 아니라 문서 열기, 명상이 아니라 눈 감고 숨 세 번 쉬기처럼 말이다.

이 작은 반복이 왜 중요할까? 반복은 행동을 바꾸지만, 동시에 정체성을 바꾸기 때문이다. 매일 완벽하게 5킬로미터씩 뛰는 사람만 운동하는 사람이 되는 게 아니다. 하루 쉬었다가도 다시 운동복을 꺼내 입는 사람이 운동하는 사람이 된다. 하루도 빠짐없이 글을 쓰는 사람이 아니라, 멈췄다가도 다시 문서를 여는 사람이 결국 작가가 된다. 루프는 결과를 만들기 전에, 먼저 '나는 어떤 사람인가'라는 자기 인식을 바꾼다.

그래서 루프를 설계할 때는 결과를 목표로 삼기보다, 정체성을 강화하는 행동을 반복하는 것이 훨씬 효과적이다. '살을 빼야지'보다 '나는 저녁에 차를 마시는 사람이다', '성공해야지'

보다 '나는 매일 같은 시간에 작업 파일을 여는 사람이다'라는 식의 정의가 루프를 오래 붙잡는다. 뇌는 목표보다 일관된 자기 이미지에 더 강하게 반응하기 때문이다.

결국 나쁜 반복을 멈춘다는 것은, 아무것도 하지 않는 상태로 가는 일이 아니다. 그 자리에 더 나은 루프를 심는 일이다. 내 삶에 문제를 일으키는 루프를 알아차렸다면, 다음 단계를 생각해보자.

첫째, 그 행동이 시작되는 신호를 분명히 본다.

둘째, 기존 행동을 끊으려 하지 말고 다른 행동으로 대체한다.

셋째, 의식 없이 실천할 만큼 작고 구체적인 행동을 반복한다.

지금 당신이 멈추고 싶은 반복은 무엇인가. 그리고 그 자리에, 매일 무의식적으로 반복해도 괜찮을 행동은 무엇인가. 거창한 계획을 세우지 않아도 된다. 단 하나의 행동이면 충분하다. 내일도, 모레도 자연스럽게 이어질 수 있는 행동 하나. 그것이 무엇이든 그 선택을 조용히 반복해보자. 아무도 모르게, 스스로를 다그치지 않은 채로. 그렇게 쌓인 반복은 언젠가 설명이 필요 없는 변화를 만든다. 그때가 되면 알게 될 것이다.

삶을 바꾼 것은 거대한 결심이 아니라, 아무 일도 아닌 듯 지나
갔던 작고 소소한 하나의 반복이었다는 것을.

●

변화를 만드는
구체적인 방법들

심리학자 대니얼 카너먼(Daniel Kahneman)은 저서《생각에 관
한 생각(Thinking, Fast And Slow)》에서 인간의 사고 과정을 두 체
계로 설명했다. 시스템 1은 빠르고 자동적이며, 직관과 감정에
의존한다. 노력이나 의식적 통제 없이 즉각적으로 작동한다.
누군가의 얼굴을 보고 감정을 추측하거나 간단한 산수 문제에
바로 답하는 것이 여기에 해당한다. 반면 시스템 2는 느리고
숙고적이며, 논리적이고 의식적인 사고방식이다. 복잡한 수학
문제를 풀거나 논리적 추론을 하는 등 집중과 자제력이 필요
한 경우가 이에 해당한다.

대부분의 루프는 시스템 1이 관여하는 영역에서 자동으로
반복된다. 그렇기에 이 흐름을 멈추거나 전환하기 위해서는
시스템 2의 개입이 필요하다. 결국 "무의식적 자동 반응 루프

를 중단하라"는 메시지는 단순한 자기통제가 아니다. 그것은 시스템 1이 주도하는 순간에 잠시 틈을 만들어 시스템 2가 개입할 수 있는 시간을 확보하라는 말이다. 자극과 반응 사이, 그 미세한 틈에서 우리는 루프를 끊고 새로운 선택을 만들어낼 수 있다.

자동 반응은 뇌의 편도체에서 시작된다. 편도체는 위협과 감정을 빠르게 감지해 몸을 즉각 반응하게 만든다. 원시 환경에서 맹수가 눈앞에 나타났을 때, 편도체가 즉시 "도망쳐!"라는 신호를 보내지 않았다면 인간은 살아남기 어려웠을 것이다. 하지만 현대 사회에서 이 회로는 과도하게 작동한다. 사소한 언쟁에도 쉽게 화를 내고, 단순히 긴장되는 상황에서도 심장이 요동치고 손이 떨리는 경험은 모두 편도체가 과거의 생존 시스템을 그대로 가동하기 때문에 벌어지는 일이다.

이에 맞서는 역할을 하는 것이 전전두엽이다. 전전두엽은 편도체가 가속 페달을 밟아 감정을 폭발시키려 할 때, 브레이크처럼 개입해 잠시 멈추고 상황을 다시 평가하라고 신호를 보낸다. 문제는 스트레스가 지나치게 강하면 이 브레이크가 제 기능을 하지 못한다는 점이다. 그래서 순간의 말실수, 충동적인 폭발, 후회할 행동들이 쉽게 터져 나온다.

심리학자 빅터 프랭클(Viktor Frankl)은 "자극과 반응 사이에는 공간이 있다. 그 공간에서 우리는 반응을 선택할 수 있다"라고 말했다. 이 말은 단순한 통찰이 아니라 신경과학적으로도 타당하다. 자극이 들어왔을 때 편도체는 자동으로 반응을 준비하지만, 전전두엽이 개입하는 찰나의 시간 안에서 우리는 다른 선택을 할 수 있다. 자동 반응 루프를 끊는다는 것은 바로 이 짧은 틈, 다시 말해 우리의 선택권을 회복하는 작업이다.

그렇다면 우리는 부정적 자동 반응을 멈출 수 있을까? 이 질문은 단순한 철학적 물음이 아니다. 실제 연구는 우리가 자동 반응을 제어할 수 있음을 보여준다. 대표적인 실험이 '스톱 시그널 과제(stop-signal task)'다. 참가자는 화면에 나타나는 화살표 방향에 맞춰 빠르게 버튼을 눌러야 하는데, 가끔 불시에 "멈춰"라는 신호가 등장한다. 과제의 핵심은 이미 누르려던 손을 그 순간 멈출 수 있는지 측정하는 것이다.

연구 결과는 분명했다. 이 훈련을 반복한 사람들은 충동적인 반응이 줄어들었고, 상황에 따라 선택적으로 행동하는 능력이 향상되었다. 단순히 반응을 지연시키는 연습이 아니라, 뇌 안의 억제 회로를 강화하는 훈련이었던 셈이다. 다시 말해, 전전두엽이 개입할 시간을 확보하면 무의식적 반응을 의식적 선택으로 바꿀 수 있다는 얘기다.

따라서 자동 반응 루프를 끊는다는 것은 억지로 참는 일이 아니다. 그것은 편도체가 촉발한 본능적 충동에 전전두엽이 개입할 여지를 만들어주는 과정이다. 멈춤은 타고나는 능력이 아니라 훈련을 통해 회복할 수 있는 힘이다. 그리고 그 과정을 거치며 깨닫게 된다. 우리는 상황에 끌려다니는 수동적 존재가 아니라, 선택할 수 있는 능동적 존재라는 사실을.

부정적인 루프를 멈추고 긍정적인 루프를 설계하는 능력 역시 타고나는 것이 아니다. 일상에서 반복적으로 연습하면 누구나 충분히 길러낼 수 있다. 실제 심리학 연구에서도 멈춤을 훈련한 집단은 그렇지 않은 집단보다 충동이 줄고, 문제 상황에서도 더 유연하게 대응했다. 중요한 점은 작은 개입 하나만으로도 뇌의 자동 반응 회로가 바뀐다는 사실이다. 지금부터 뇌의 자동 반응 회로를 바꾸는 세 가지 방법에 대해 알아보자.

첫 번째 방법은 3초 지연 전략이다. 알림이 울리거나, 누군가의 말에 순간적으로 발끈할 때, 혹은 음식을 집으려는 순간 단 3초만 호흡하며 멈추는 것이다. 겉보기에 사소한 행동이지만 이 짧은 지연이 전전두엽이 개입할 시간을 벌어준다. 이 지연은 자극과 반응 사이의 공간을 회복하는 가장 기본적이고도 강력한 방법이다.

예를 들어, 회의 중 불쾌한 말을 들었을 때 곧장 반격하지 않고 3초 동안 심호흡을 하면 목소리 톤이 누그러지고 단어 선택도 바뀐다. 반사적 반응 대신 대안을 고르는 루프가 작동하는 것이다. 스마트폰 알림도 마찬가지다. 알림음이 울려도 즉시 휴대폰을 집지 않고 3초만 눈을 떼고 호흡한다면 무의식적 습관이 끊기고, 의식적 선택의 여지가 생긴다. 이렇게 쌓인 짧은 멈춤은 결국 뇌가 새로운 습관을 학습하게 만든다.

두 번째 방법은 잠시 멈춤 루프를 만드는 것이다. 잠시 멈춤 루프란 무의식적 반응을 끊기 위해 미리 정해둔 작은 행동이다. 예를 들어, 화가 날 때마다 의자에 등을 붙이고 호흡을 세 번 고르거나, 짜증이 올라올 때 노트에 간단히 메모하는 방식이다. 단순해 보이지만 이 행위는 뇌에 강력한 신호를 보낸다. 원래라면 '화가 나면 목소리를 높인다'라는 자동 경로로 흘러갈 반응이 차단되고, 다른 길이 열린다. 뇌는 이런 반복을 새로운 회로로 학습하고, 시간이 지나면 스톱 루프 자체가 또 하나의 자동 반응으로 자리 잡는다.

일상에서 이 원리를 어떻게 이용하면 좋을까? 회의 중 긴장이 올라올 때 펜을 돌리며 생각을 정리하거나, 불안이 치밀 때

물을 한 모금 마실 수 있을 것이다. 이때 꼭 기억할 것이 있다. 스톱 루프의 핵심은 '즉흥적인 반응'이 아니라 '미리 정해둔 작은 행동'이라는 점이다. 준비된 행동이 있을 때만이 우리는 무의식적 반응이 아니라 의식적 선택을 할 수 있다.

세 번째 방법은 기록과 피드백을 활용하는 것이다. 기록은 자동 반응 루프를 해체하는 강력한 도구다. 하루 동안 반응을 멈추지 못했던 순간을 간단히 적고, 어떤 상황에서 반복되는지를 확인하는 것만으로도 큰 변화를 만든다. 기록은 막연한 자책을 구체적인 데이터로 바꾸어준다. 예를 들어 "나는 왜 늘 화를 잘 낼까?"라는 추상적인 질문은 답을 주지 못한다. 그러나 기록은 이렇게 말한다. "오전 회의에서 상사가 잘못을 지적했을 때 목소리를 높였다", "퇴근 후 배가 고픈 상태에서 가족에게 날카롭게 말했다." 기록은 반복되는 조건을 드러내고, 우리는 그 조건에 개입할 전략을 세울 수 있다.

기록은 자기 인식의 한계를 보완한다. 대부분의 사람은 자신의 습관을 과소평가하거나 왜곡해서 기억한다. 그러나 기록은 있는 그대로의 흔적을 보여준다. 실패한 순간도, 성공적으로 멈춘 순간도 남기면 변화는 '느낌'이 아니라 '증거'로 쌓인다.

또한 피드백은 이 기록에 의미를 불어넣는 과정이다. 단순히 적는 데서 그치지 않고, 하루나 일주일 단위로 다시 읽으며 스스로 평가해볼 것을 권한다. "이 상황에서는 3초 지연을 성공했다" 혹은 "이 순간에는 루틴을 쓰지 못했다"라고 구체적으로 확인하는 것이다. 이렇게 반복되는 피드백은 자동 반응을 줄이고 의식적 선택을 강화하는 중요한 훈련이 된다.

우리는 누구나 무의식적 루프의 지배를 받는다. 하지만 이것을 멈추는 힘 또한 우리 안에 있다. 자동 반응이 곧 우리의 본성이라고 생각할 이유는 없다. 스스로 만든 작은 선택이 쌓여 우리의 미래를 바꾸기 때문이다. 루프를 끊는 일은 완벽한 자제력을 가져야만 가능한 게 아니라, 반복되는 자동 회로에 새로운 우회로를 내는 일이라는 것을 기억하자. 짧게 멈추는 호흡, 작은 행동, 그리고 기록과 피드백 같은 단순한 방법들이 모여 새로운 길을 연다. 중요한 것은 '오늘 한 번 실패했는가, 성공했는가'가 아니라, 반복되는 루프를 의식적으로 바라보고 개입했는가 하는 점이다.

부정 루프를 멈추고 긍정 루프를 작동시켜라

•

루프의 방향만 바꿔도 전혀 다른 삶이 열린다

삶이 바뀌지 않는 이유는 의외로 단순하다. 우리는 늘 같은 루프 안에서 하루를 살고 있기 때문이다. 문제는 그 루프가 나를 앞으로 데려가지 않는다는 데 있다. 움직이고는 있지만, 방향이 없다. 애쓰고는 있지만, 쌓이지 않는다. 그 상태가 오래 지속되면 사람은 이렇게 말하게 된다.

"나는 원래 이런 사람이야."

그러나 대부분의 경우, 그건 성격이 아니라 루프가 작동한 결과다. 부정 루프는 대개 이렇게 시작된다. 하루가 잘 풀리지 않는 어떤 순간 계획이 틀어지고, 집중이 깨지고, 예상과 다른 결과가 나온다. 그때 우리는 행동을 멈춘다. 멈춘 상태에서 생각이 늘어난다. 생각은 평가로 바뀌고, 평가는 자책이나 체념으로 이어진다. 그러면 다시 행동하기가 어려워진다. 이 순환이 반복되면, 하루는 물론 삶 전체가 점점 위축된다. 이것이 부정 루프다.

부정 루프의 핵심은 '나쁜 감정'만이 아니다. 행동이 멈춘 상태에서 생각만 계속되는 구조다. 그래서 이 루프를 끊는 방법 역시 감정을 다루는 데서 시작하지 않는다. 생각을 설득하는 것으로도 부족하다. 가장 먼저 바뀌어야 할 것은 루프의 흐름이다.

긍정 루프는 부정 루프의 정반대에서 시작되지 않는다. 부정 루프를 완전히 없애야 하는 것도 아니다. 현실적인 변화는 언제나 이 지점에서 일어난다. 부정 루프를 '중단'시키고, 그 자리에 다른 흐름을 얹는 것. 여기서부터는 실제적인 이야기로 들어가자. 다음에 소개될 세 가지 실천 팁은 모두 공통된 원리를 가진다. 의지를 과도하게 쓰지 않고, 설명을 늘리지 않고,

이미 존재하는 흐름을 활용하는 방식이다.

우선, 부정 루프의 '시작 신호'를 먼저 포착하는 것이다. 부정 루프는 늘 비슷한 신호를 가지고 시작된다. 예를 들면 이런 것들이다. 일이 꼬였을 때, 휴대폰을 무의식적으로 집어 드는 순간, 계획이 어긋났을 때, "이런 건 아무 의미 없어"라는 말이 떠오를 때, 피곤함이 몰려올 때, 침대나 소파로 몸이 기울어지는 순간 등 이미 수없이 반복되어 왔다.

중요한 건 이 신호를 없애려 하지 않는 것이다. 대신 '아, 루프가 시작되려는구나'라고 알아차리면 된다. 이 인식 하나만으로도 루프는 자동으로 끝까지 굴러가지 않는다. 왜냐하면 루프는 무의식에서 가장 강하게 작동하기 때문이다.

이 단계에서 할 일은 단 하나다. 분석하지 말고, 평가하지 말고, 그냥 신호를 표시해두는 것이다.

"지금 이 순간이 내 부정 루프의 입구구나."

그 정도면 충분하다. 이렇게 인식한 후에는 '작은 행동'을 바로 시도하자. 부정 루프가 강화되는 지점은 언제나 같다. 행동이 멈춘 뒤, 생각이 길어질 때다. 그래서 긍정 루프를 만들 때 가장 중요한 원칙은 이것이다. 멈춘 지점에서 멀리 가거나 새로운 결심을 꺼내지 않는 것이다. 바로 그 자리에서 아주 작은 행동 하나만 붙인다. 예를 들어 일을 하다 막혔다면 자리에서 일어나 물 한 잔 마신다. 계획이 틀어졌다고 느껴지면 노트에 오늘 날짜만 적는다. 집중이 깨졌을 때는 타이머를 3분에 맞추고 책 한 쪽 읽는다.

이 행동들은 문제를 해결하지 않는다. 대신 루프의 방향을 바꾼다. 행동이 다시 시작되면, 생각은 자동으로 짧아진다. 생각이 줄어들면 감정도 과열되지 않는다. 이 작은 전환이 쌓이기 시작하면, 하루의 방향이 달라진다. 긍정 루프는 성취에서 시작되지 않는다. '다시 움직였다'라는 사실에서 시작된다.

부정 루프를 완전히 없애겠다고 마음먹을 필요는 없다. 그건 현실적이지도 않고, 필요하지도 않다. 중요한 건 부정 루프가 하루 전체를 장악하지 못하게 하는 것이다. 한 번 끊기고, 다시 이어지고, 또 끊기고, 다시 이어지는 과정에서 루프는 서서히 방향을 바꾼다.

삶이 바뀌는 순간은 대단한 날에 오지 않는다. 부정 루프가 시작되려던 바로 그 지점에서, 당신이 아주 조금 다른 선택을 했던 날, 그날이 쌓여 어느새 다른 궤도가 만들어진다. 우리에게 필요한 건 더 잘하려는 마음이 아니다. 루프를 바꾸는 방식이다.

삶이 바뀌는 순간

1   루프는 '내가 무심코 반복해온 수많은 행동이 만들어낸 구조이자 시스템'이다.

2   우리는 우리가 생각하고 결정한 대로 행동한다고 믿지만, 사실은 그 행동을 만들어내는 내면의 구조인 루프가 있다.

3   루프는 습관이나 루틴과도 다르다. 습관(habit)은 반복된 행동이 무의식적으로 자동화된 상태를 말한다. 루틴(routine)은 일정한 순서와 규칙성을 가진 반복적 행동이다. 다시 말해 습관은 자동화된 반복이고 루틴은 의도적이고 구조적인 반복을 의미한다.

4   생각이 많아질수록 행동은 멈추고, 행동이 멈출수록 생각은 과열된다. 이 악순환이 삶을 소모시키는 가장 흔한 부정 루프다. 반면 긍정 루프는 자신에게 이로운 행동을 반복할 때 새롭게 형성된다.

5   루프는 속박이 될 수도 있지만, 동시에 희망의 구조이기도 하다. 같은 반복이지만, 어디에 힘을 실어 반복하느냐에 따라 전혀 다른 변화가 시작될 수 있기 때문이다.

Chapter 2

오늘을 바꾸는
긍정 루프 만들기

"하루를 매일 성공과 실패로 나누기보다 이어졌는지, 끊겼
는지를 살펴보자. 완벽하지는 않았지만 이어졌다면 내일
또 하면 된다. 오늘 하루가 마음에 들지 않았어도, 계획이
틀어졌어도, 집중이 되지 않았어도, 의욕이 낮았어도 상관
없다. 오늘을 버리지 않았다면 그것으로 충분하다. 하루는
고쳐지는 것이 아니라 이어질 때 힘을 가진다."

아침 첫 행동이
하루를 바꾼다

●

첫 행동이 하루의 방향을
결정하는 이유

아침에 눈을 뜨는 순간, 이미 하루의 방향은 결정되어 있다. 우리가 오늘 무엇을 할지 고민하고 있을 때, 사실 몸은 이미 첫 선택을 끝낸 상태인 것이다. 그래서 하루를 돌아볼 때, 문제는 늘 뒤늦게 발견된다. 오후에 무너졌다고 느끼지만, 실제로는 아침에 이미 기울어져 있었기 때문이다. 하루를 망쳤다고 느끼는 날을 떠올려보자. 대개 이런 말이 따라온다.

"오늘 왜 이렇게 되는 일이 없지?"

"계획은 세웠는데 다 어그러졌어."

이런 날의 시작을 찬찬히 되짚어보면, 대단한 사건이 있었던 것은 아니다. 늦잠을 조금 잤거나, 눈 뜨자마자 휴대폰을 봤거나, 정신없이 씻고 뛰쳐나왔을 뿐이다. 그런데 사소해 보이는 그 첫 장면이 하루 전체의 분위기를 만들었다.

하루는 생각보다 관성이 크다. 한 번 흐름이 만들어지면, 그 흐름을 거슬러 방향을 바꾸는 데 많은 에너지가 든다. 그래서 아침에 흐트러진 하루는 계속 수습해야 하고, 단단히 시작한 하루는 중간에 흔들려도 다시 돌아올 자리가 있다. 이 차이는 의지나 성격에서 나오지 않는다. 출발이 어디였는지의 문제다.

아침은 유일하게 아직 아무 일도 벌어지지 않은 시간이다. 실수도 없고, 성과도 없고, 비교도 시작되지 않은 상태. 말하자면 하루 중 가장 '중립적인' 순간이다. 바로 이때의 첫 행동이 그날의 기준점이 된다. 몸은 이 기준을 기억하고, 하루 종일 그 기준에 맞추려 한다.

하루를 바꾸려면 큰 결심이 필요하다고 생각하지만, 아침의 역할은 방향을 설정하는 일이다. 그렇기에 첫 행동이 대단할 필요가 없다. 오히려 대단하면 오래 못 간다. 중요한 건 매일

할 수 있느냐는 것이다. 하루를 바꾸는 사람들은 특별한 아침을 보내지 않는다. 대신 같은 아침을 반복한다. 같은 시간, 같은 순서, 같은 행동. 그 단조로움이 하루를 안정시킨다. 우리는 성공한 사람들의 아침 루틴을 흉내 내려 하지만, 정작 배워야 할 건 행동의 내용이 아니라 그 행동이 하루에서 차지하는 자리다. 아침 첫 행동이 주는 힘은 생각보다 단순하다.

"나는 오늘 이미 하나를 해냈다."

이 말이 내가 보내는 하루를 바꾼다. 아직 아무 일도 벌어지지 않았지만 이미 시작했다는 감각. 스포츠 선수에 비유하자면 '싸우기도 전에 이긴' 것이나 다름없다. 이 감각이 있으면 중간에 흐트러져도 다시 돌아올 이유가 생긴다. 우리가 준비할 것은 단 하나, 아주 작은 일을 기세 좋게 시작하는 일이다.

●

뭘 해야 할지 모르겠다면
계단을 오르자

아침 첫 행동을 무엇으로 정할지는 사소해 보이지만, 사실 굉장히 중요하다. 이 첫 행동은 의지가 강한 사람처럼 보이기 위한 선택이 아니라, '가장 실패하지 않기 위한 선택'이어야 하기 때문이다.

아침은 하루 중 가장 의지가 약한 시간이다. 아직 완전히 깨어나지 않았고, 머리는 느리며, 몸은 무겁다. 이때 대단한 계획이나 고난도의 루틴을 들이밀면, 대부분 며칠 안에 무너진다. 그래서 아침 첫 행동은 반드시 조건을 갖춰야 한다. 생각하지 않아도 할 수 있고, 준비가 필요 없으며, 실패해도 부담이 없는 행동이어야 한다.

또 하나 중요한 조건이 있다. 아침 첫 행동은 생각을 줄이는 방향이어야 한다는 점이다. 하루를 잘 살겠다는 다짐은 생각을 늘리지만, 하루를 잘 시작하는 행동은 생각을 줄인다. 아침에 필요한 건 동기부여가 아니라, 머릿속을 잠시 비워줄 수 있는 단순한 움직임이다. 여기까지 생각해보면 선택지는 많지 않다. 장비가 필요하지 않고, 날씨를 타지 않으며, 시간이 길지 않아도 되고, 몸을 확실하게 깨울 수 있는 행동. 무엇보다 '지금 바로' 할 수 있는 행동. 그래서 내가 가장 추천하는 것은 계단 오르기다.

계단을 오르면 생각이 끊긴다. 심장이 빨라지고, 호흡이 거칠어지며, 뇌의 산소 포화도가 올라간다. 신체의 리듬이 뇌를 재설계하기 시작한다. 머릿속을 흐리게 하던 생각의 안개가 걷히기 시작한다. 생각을 줄이는 가장 빠른 방법은, 생각을 줄이려고 하지 않는 것이다. 대신 몸이 움직이는 상황으로 나를 밀어 넣어야 한다.

계단 오르기는 계절과 날씨와 상관없이 할 수 있는 행동이다. 더운 여름 자외선을 걱정하지 않아도 되고 추운 겨울 칼바람을 피할 수 있으니 더욱 좋다. 엘리베이터를 타지 말고, 한 층만이라도, 한 칸만이라도 걸어 올라가보자. 한 발 두 발 계단을 오르는 반복된 동작 속에서 몸이 당신을 이끌고, 생각을 따라오게 할 것이다.

세상을 바꾸는 거대한 계획은 언제나 머릿속에서 시작된다. 하지만 인생을 바꾸는 작고 단단한 변화는 계단 오르기 같은 아주 작은 일에서 시작될 수 있다. 별것 아닌 움직임처럼 보이지만 그 안에는 인생 설계의 모든 원리가 들어 있다. 나는 다음과 같은 세 가지 이유 때문에 계단 오르기를 긍정 루프 만들기에 최적화된 행동이라고 생각한다.

첫째, 계단은 방향을 바꿀 수 없다. 한 번 올라가기 시작하면, 위로 가는 길 외에는 없다. 중간에 돌아서면 멈추는 것이고, 계속 가는 한 방향은 오직 위쪽이다. 작은 목표라도 정해두고 움직이기 시작하면, 그 자체가 '진행 중'인 삶이 된다.

둘째, 계단은 속도를 따지지 않는다. 누가 먼저 도착하든, 몇 분이 걸리든, 계단은 누구에게나 같은 출발점과 도착점을 알려준다. 빠르지 않아도 괜찮다. 중요한 건 멈추지 않는 것이다. 삶은 '속도 게임'이 아니다. 움직이고 있는가, 아닌가의 차이일 뿐이다.

셋째, 계단은 오늘 올라야 한다. 5층까지 올라가고 싶은가? 그렇다면 바로 지금, 한 칸만 오르면 된다. 내일 생각은 내일 하고, 일단 오늘 한 번만 올라가 보자. '매일 할 수 있는 작은 것을 하는 것'이 삶의 변화를 위한 최소 단위다.

계단 오르기는 반복과 누적의 힘을 가르쳐주는 최고의 인생 도구다. 작은 반복은 체력을 만들고, 체력은 꾸준함을 만들고, 꾸준함은 변화를 만든다. 삶을 바꾸는 건 내가 생각하는 철학이 아니라 내가 반복하는 행동이다.

반복적인 행동이 꼭 복잡할 필요는 없다. 멋진 계획이 아니어도 된다. 계단을 오르는 실제적인 행동을 먼저 해보고, 내 생각이 어떻게 바뀌는지 경험해보자. 단언컨대, 절대 후회하지 않을 것이다.

아주 작은 행동 하나로
시작하자

하루를 잘 살고 싶은 마음은 누구나 비슷할 것이다. 얼핏 생각하면 하루를 사는 일은 쉽게 보이기도 한다. 그런데도 우리는 하루를 충실히 살아가기가 왜 그토록 어려운 것일까? 한 달을 바꾸겠다는 다짐이나, 인생을 바꾸겠다는 결심도 아닌데 말이다. 하루를 잘 사는 사람이 인생을 잘 사는 사람이라는 말이 무색하게도 하루는 중요한 일을 지키는 날이 되기는커녕 해야 할 일 사이에서 쉽게 흔들리고 우선순위에서 뒷전으로 금세 밀려버린다.

하루의 첫 시작이 중요한 이유도 바로 여기에 있다. 우리는 흔히 변화를 '결과'로 생각한다. 체중이 줄어들어야 변화고, 성과가 나와야 변화라고 여긴다. 그래서 변화는 늘 나중의 일처럼 느껴진다. 아직 멀었고, 아직 부족하고, 아직은 아닌 것 같다는 생각 속에서 시작은 계속 미뤄진다. 하지만 실제 변화는 언제나 그보다 앞에서 시작된다. 여전히 눈에 보이지도 않고, 성취라고 부르기엔 어색한 지점이지만 매일 같은 시간, 같은 자리에서 말이다.

그 순간에는 아무런 드라마도 없다. 박수도 없고, 성취감도 크지 않다. 다만 "오늘도 해냈다"라는 아주 미세한 감각만 남는다. 그런데 이 감각이 쌓이기 시작하면, 삶은 조금씩 다른 방향으로 움직인다. 결과가 아니라, 반복이 먼저 자리를 잡는다.

시작점은 늘 과소평가된다. 너무 사소해 보여서, 너무 별것 아닌 것처럼 느껴져서 "이건 나중에 해도 되지"라며 쉽게 밀려난다. 하지만 하루를 살아보면 알게 된다. 힘들수록, 정신이 없을수록 우리는 그날의 첫 장면을 닮아간다. 아침이 흐트러진 날은 하루 내내 중심을 잡기 어렵고, 아침이 단단했던 날은 중간에 흔들려도 다시 돌아올 차이를 만들어낸다.

이 작은 차이는 하루로 끝나지 않는다. 하루가 쌓여 한 달이 되고, 한 달이 쌓여 일 년이 된다. 어느 순간 뒤돌아보면, 예전과는 다른 선택을 하고 있는 자신을 발견하게 된다. 갑자기 달라진 건 아니다. 특별한 계기가 있었던 것도 아니다. 그저 같은 자리에서 같은 행동을 계속했을 뿐이다. 그런데 그 반복이 사람을 바꿔놓는다.

아침 첫 행동은 목표를 이루기 위한 수단이 아니다. 다만, "나는 어떤 사람으로 하루를 시작하는가?"에 대한 선택이다.

오늘도 계단을 오르는 사람, 오늘도 몸을 먼저 움직이는 사람, 오늘도 하루의 시작을 스스로 붙잡는 사람. 그 선택이 쌓이면, 정체성이 된다. 그리고 정체성은 삶을 서서히 바꾼다. 소리 없이, 그러나 분명하게.

그러니 내일 아침을 너무 크게 계획하지 않아도 된다. 완벽한 하루를 그리지 않아도 된다. 눈을 뜨고, 몸을 일으키고, 한 번만 움직이면 된다. 그게 계단이든, 짧은 산책이든, 심박수를 조금 올리는 어떤 행동이든 상관없다. 중요한 건 늘 같은 시작점으로 돌아오는 것이다.

Loop 2

생각이 많아질 땐
몸부터 움직이자

●

생각이 많아질수록
삶은 정체된다

최근 찾아온 환자분은 잠을 잘 이루지 못하는 상태였다. 밤에
불을 끄고 누우면, 하루 동안 쌓였던 피로가 풀리기는커녕 머
릿속이 오히려 더 바빠진다고 했다. 생각에 빠지는 과정은 늘
비슷했다. "내일 보고서 발표는 잘할 수 있을까?"라는 걱정이
드는 순간 연달아 다른 생각이 찾아왔다.

"만약 질문에 답을 못하면 어쩌지?"

"상사가 실망하면 내 평가는 떨어지겠지."

"혹시 이게 내 커리어에 치명적인 타격이 되는 건 아닐까?"

숨 가쁘게 찾아오는 생각 때문에 자려고 누웠다가도 벌떡 일어나는 일이 다반사라고 했다.

"눈을 감아도 뇌는 쉬지 않아요. 새벽 두 시가 되도록 같은 생각을 계속하고 있더라고요."

이런 경험이 한 번쯤은 있을 것이다. 머릿속에서 풀리지 않는 실타래가 생긴 것 같은 경험이. 문제는 그 실타래가 길어질 수록 삶이 정체된다는 데 있다. 생각이 많아지면 행동은 줄어든다. 결정은 미뤄지고, 실행은 사라진다. 겉으로 보기엔 신중하게 생각하는 것처럼 보이지만, 사실 내면의 소음에 끊임없이 시달리고 있는 것이다.

생각이 많은 것 자체가 문제일까? 꼭 그렇다고는 할 수 없다. 생각이 많다는 건, 뇌가 상황을 이해하고 해결하려 애쓰고 있다는 뜻이기도 하다. 문제는 그 생각이 행동으로 이어지지 못한 채 맴돌기만 할 때 생긴다. 생각이 해결의 도구가 아니라, 정체의 공간이 되는 순간이다.

심리학에서는 이런 상태를 '반추(rumination)'라고 부른다. 가축이 이미 소화한 풀을 다시 꺼내 되씹듯, 우리는 끝난 사건과 아직 오지 않은 미래를 계속 되새긴다. 같은 장면을 반복 재생하고, 같은 질문을 조금씩 다른 말로 덧붙인다. 하지만 반추는 결코 답을 주지 않는다. 음식은 되새길수록 영양분이라도 남기지만, 반추는 마음에 피로와 불안만 남긴다. 심리학 연구에서도 반복적 반추를 자주 경험하는 사람일수록 우울 증상이 오래 지속되거나 재발할 가능성이 유의미하게 높다는 보고가 있다. 생각이 많아질수록 생산적이지 않은 사고의 반복이 뇌의 회복력을 갉아먹는 것이다.

왜 이런 일이 벌어지냐면, 인간의 뇌가 공백을 견디지 못하기 때문이다. 불확실성이 주어지면, 뇌는 그 빈칸을 그냥 두지 않는다. 대신 즉각적인 시뮬레이션을 시작한다. 상사가 "알았어요"라는 짧은 메시지를 보냈을 뿐인데, 그 뒤에는 수많은 해석이 따라붙는다. 단순한 확인일 수도 있지만, 뇌는 묻는다. "기분이 상한 건 아닐까?", "내 판단이 틀린 건가?", "내 자리가 흔들리는 건 아닐까?" 단 하나의 문장이 수십 개의 생각으로 불어난다.

연인이 몇 시간 동안 답장을 하지 않을 때를 떠올려보자. 사실은 단순히 바쁜 상황일 수도 있다. 하지만 머릿속은 금세 다른 길로 간다. "혹시 내가 기분 나쁘게 말했나?", "마음이 식은 건 아닐까?", "다른 누군가와 있는 건가?"라는 생각이 줄줄이 이어진다. 단순한 '읽음' 하나가 곧 '관계의 위기'라는 시뮬레이션으로 확장된다.

건강검진 결과가 늦어질 때도 마찬가지다. 아직 아무 결과도 나오지 않았지만, 뇌는 이미 최악의 시나리오를 써 내려간다. "왜 이렇게 오래 걸리지?", "혹시 큰 병이 발견된 건 아닐까?" 심장 박동은 빨라지고, 호흡은 얕아진다. 몸은 이미 위협에 대비한 상태로 들어간다. 실제 위험은 없는데, 뇌가 만든 예측이 몸을 먼저 긴장시키는 것이다. 이렇게 시작된 생각의 꼬리는 점점 삶을 잠식한다.

예측은 또 다른 걱정을 낳고, 걱정은 새로운 예측의 재료가 된다. 마치 인터넷 검색창에서 링크를 계속 눌러 들어가다 끝내는 불안만 커지는 것처럼, 생각은 스스로를 증식시킨다.

이런 상태는 문제를 해결하기 위한 루프가 작동하는 때가 아니다. 오히려 문제를 직면하지 않기 위해 머릿속에서만 맴도는 회피 전략에 가깝다. 행동하지 않고도 뭔가 하고 있다는 착각을 주기 때문이다. 생각하고 있다는 이유만으로, 우리는 잠시 안도한다. 그러나 그 사이 현실은 바뀌지 않는다. 문제도 불안도 그대로 남는다.

이때 필요한 건 더 나은 생각이 아니다. 생각을 멈추겠다는 결심도 아니다. 몸을 먼저 움직이는 일이다. 몸이 움직이기 시작하면, 뇌의 역할이 바뀐다. 예측과 시뮬레이션을 하던 뇌는, 이제 감각을 처리하고 상황에 반응하는 쪽으로 전환된다. 생각은 줄어들고, 현재가 선명해진다. 그래서 부정적인 생각 루프를 끊는 가장 현실적인 방법은, 생각을 상대하지 않는 것이다. 대신 몸이 개입할 수밖에 없는 상황으로 자신을 밀어 넣어야 한다. 생각이 나를 데리고 가지 못할 때, 몸이 나를 데리고 가게 하자.

●

매일 같은 행동을 의식적으로 반복할 때 생기는 일

내 경험을 돌아보면, 삶에서 긍정적인 루프가 만들어지기 시작한 다음에 마주한 문제들은 이전만큼 어렵게 느껴지지 않았다. 매일 무언가를 반복했을 뿐인데 삶의 문제가 풀린다고 말하면, "이 사람, 혹시 사기꾼 아닌가?"라는 생각이 스칠지도 모른다. 매일 반복하는 행동과 문제 해결 사이에 뚜렷한 연결고리가 보이지 않기 때문이다.

하지만 삶의 성취를 조금만 길게 놓고 보면, 그 구조는 의외로 단순하다. 우리의 결과는 어느 날 내린 한 번의 결심이 아니라, 그 결심을 얼마나 오랫동안 지속했는지, 그리고 그 과정에서 생겨난 문제를 끝까지 해결했는지에 의해 결정된다.

그렇다면 내가 결정을 내리고, 그것을 계속 밀고 나갈 수 있었던 힘은 어디에서 나왔을까. 운이 좋아서였을까. 누군가가 도와줘서였을까. 능력이나 학벌, 인맥, 혹은 타고난 조건 덕분이었을까. 우리는 흔히 주어진 조건이 좋아서 무언가를 이뤘다고 착각하지만, 실제로 성취를 이룬 사람들의 말은 한결같다. 스스로가 바뀌기 전까지는 아무 일도 일어나지 않는다는 것이다. 준비되지 않은 상태에서 요행으로 얻은 결과는 오래 남지 않는다. 그것은 곧 사라지거나, 오히려 감당하기 힘든 불행으로 돌아온다.

루프는 외부 환경을 바꾸는 방식이 아니라 내부를 바꾸는 방식이다. 그렇다면 질문은 자연스럽게 이어진다. 단순한 반복이 어떻게 태도와 가치관, 시련을 견디는 힘 같은 내부의 변화를 만들어내는가. 답은 결코 생각 속에 있지 않다. 몸에 있다. 문제 상황에 계속 자신을 밀어 넣고, 그때마다 해결을 시도하는 과정에서 내부가 단련된다. 익숙하고 평온한 상태에서는 결코 만나지 못할 감정의 영역으로 몸이 먼저 들어갈 때, 그 상황을 견디기 위한 태도와 감정의 근력이 시행착오를 겪으며 서서히 만들어지는 것이다.

루프는 내부에서 작동하는 운영체제를 바꾸는 일이다. 그리고 이 운영체제는 생각만으로는 바뀌지 않는다. 입력값이 달라져야 한다. 늘 같은 정보, 늘 같은 방식으로는 뇌가 바뀔 이유가 없다. 나를 바꾸는 입력값은 세 가지로 압축된다. 첫째, 익숙하지 않은 몸의 움직임을 반복하며 숙달해가는 경험이다. 둘째, 책을 통해 이전에 접해보지 못한 정보를 받아들이는 일이다. 셋째, 타인의 행동과 태도를 관찰하고 모방하며 배우는 과정이다. 감각기관을 통해 들어오는 정보가 낯설수록, 뇌는 더 많은 신경 연결을 만들어 상황을 해결할 방법을 찾아낸다.

내가 매일 아침 카약을 타며 겪은 변화도 바로 그 지점에서 일어났다. 이전까지 경험하지 못했던 불안정한 균형과 반복되는 긴장 속에서, 내 삶을 지배하던 감정들이 실체 없는 것들이었다는 사실을 처음으로 자각했다. 두려움과 걱정은 현실 그 자체가 아니라, 움직이지 않을 때 더 커지는 감정의 환상이었다. 몸을 움직이기 시작하자, 생각은 줄었고 삶을 대하는 태도는 달라지기 시작했다.

●

핑계가
많아질 때

할 일을 앞두고 생각이 많아진다는 것은 핑계도 많아진다는 뜻이다. 나 또한 삶에 변화를 주고 싶어서 카약을 타자고 결심했으면서도, 카약을 타는 바로 그날까지 핑계를 대고 있었다. 카약을 처음 시작한 날은 1월 1일이었다. 카약 동호회에 가입하고 도움을 받아 장비를 구한 뒤, 처음으로 한강에 카약을 띄웠는데, 강에 얼음이 얼고 눈발이 날리는 등 날씨가 좋지 않았다.

겨울은 평소 열심히 타던 사람들조차 카약을 잠시 접는 시기다. 그런데도 나는 그날 탄다는 사람에게 먼저 연락해 함께 타고 싶다고 부탁했다. 당시 나는 이대로는 안 되겠다는 생각이 들 만큼 심한 우울감과 미래에 대한 불안, 과거에 대한 후회에 사로잡혀 있었다. 이 상태를 벗어나려면 지금까지의 삶과는 전혀 다른 변화가 필요하다고 느끼고 있었다. 큰마음을 먹고 나갔지만, 눈 내리고 얼음이 언 한강을 마주한 순간 마음은 완전히 달라졌다.

'설마 나 같은 초짜에게 이런 험한 날 타라고 하지는 않겠지?'

'오늘만 날은 아니잖아. 다음에 탄다고 할까?'

'괜히 호기 부리다가 신문에 나는 건 아닐까?'

머릿속은 순식간에 수많은 생각으로 가득 찼다. 그런데 이런 내 마음과 달리, 함께 카약을 띄우기로 한 베테랑 카야커는 즐거운 얼굴로 장비를 점검하더니 아무 일 없다는 듯 카약을 물에 띄웠다.

심장은 마구 요동쳤지만, 그날만큼은 핑계 없이 할 일을 하기로 마음먹었다. 속마음을 내색하지 않고 장비를 준비해 물가로 향했다.

'저 사람의 표정이 저렇게 평온한 데에는 분명 믿는 구석이 있을 것이다. 어차피 믿지 못하면 더 위험해질 뿐이다.'

나는 그렇게 판단했다. 카약을 장만할 때도 쉬운 선택을 하지 않았다. 초급자용이 아니라 더 좁고 다루기 어려운 상급자용 카약인 서프스키를 선택했다. 그중에서도 폭이 45센티미터에 불과한, 안정성이 떨어지는 기종이었다. 판매자는 내게 물에 빠지고 다시 올라타는 방법을 익히는 데에도 많은 시도가 필요하다며 초급자에게는 절대 권하지 않는 모델이라고 말했다. 하지만 변화가 절실했던 나는 스스로를 가장 불리한 조건으로 밀어 넣었다. 내가 어떤 선택을 하는 사람인지 직접 확인하고 싶었기 때문이다.

물론 무모함만 있었던 것은 아니다. 겨울 카약의 필수 장비인 드라이슈트를 입으면 물에 빠지더라도 체온을 어느 정도 유지할 수 있기 때문이다. 다만 겨울 수온에서는 드라이슈트를 입고 있더라도 10분 이상 물에 빠져 있으면 저체온증 위험이 있다.

차에서 카약을 내려 물가로 옮기는 동안, 내 안에서는 수많은 핑계가 계속 올라왔다.

'손이 시려서 제대로 타지 못할 거야.'

'물에 빠졌는데 다시 올라타지 못하면 어떡하지.'

'오늘 고생하면 트라우마가 생겨서 다시는 안 타게 될지도 몰라.'

나는 두 갈래 길 앞에 서 있었다. 핑계에 굴복하든가, 앞으로 나아가든가. 내 마음속에서 끊임없이 들려오는 소리가 모두 도망치기 위한 핑계라는 사실을 어렴풋이 알아차린 순간, 유튜브에서 보았던 장면들을 하나씩 되짚었다. 물에 빠졌을 때 다시 올라타는 장면을 떠올리며 머릿속으로 시뮬레이션을 했다. 불안이 완전히 사라진 것은 아니었지만, 빠지더라도 다시 올라타면 죽지는 않을 터였다.

'물에 빠져도 괜찮다. 올라타는 데만 집중하자.'

게다가 나는 혼자가 아니었다. 믿을 수 있는 동료가 있었다. 그의 지시를 따르고, 감정적으로 행동하지 말고, 필요한 행동만 하자고 생각하니 마음이 한결 가벼워졌다.

'자, 이제 시작이다.'

출발하자마자 물에 빠졌다. 물속으로 들어갔다가 다시 올라왔다. 드라이슈트 덕분에 물이 몸에 직접 닿지 않았고, 생각했던 것보다 놀라지 않았다. 오히려 이 상황을 통제할 수 있을 것 같다는 느낌이 들었다. 극한의 상황에서 정신은 또렷해졌고 가슴은 빠르게 뛰었다. 조금 전까지 두려움에 떨던 심장 박동과는 종류가 전혀 다른 움직임이었다. 살아 있다는 감각이 온몸으로 퍼졌다.

몸은 차분해졌고, 다음에 해야 할 동작이 자연스럽게 떠올랐다. 그 순간 입가에 미소가 번졌다.

'이거, 꽤 괜찮은데.'

오랜만에 느끼는 감각이었다. 무릎 부상으로 1년 가까이 운동을 하지 못하며 몸과 마음이 바닥까지 내려갔던 시간이 떠올랐다. 재활을 하며 겨우 5분 정도 걷게 되었고, 거기서 멈추지 않고 카약에 도전한 선택이 옳았다는 생각이 들었다. 이 도전이 어려우면 어려울수록 나를 전혀 다른 차원으로 옮겨놓을 것이라는 확신도 생겼다.

그날, 나는 열 번 넘게 물에 빠지고 다시 올라타기를 반복했다. 시간이 지나며 조금씩 균형을 잡게 되었고, 물에 빠지는 횟수도 줄어들었다. 그렇게 2년이 흘렀다. 지금도 나는 매주 다섯 번 이상, 새벽의 한강과 바다에서 카약을 탄다.

카약을 타며 핑계가 작동하는 방식을 이해하게 된 이후로는, 핑계가 떠오를 때 오히려 그 행동을 즉시 실행에 옮긴다. 신기하게도 그럴 때마다 이전에는 경험하지 못했던 더 나은 결과가 뒤따랐다. 핑계는 위험을 경고하는 신호가 아니라, 익숙한 자리로 되돌아가려는 마음의 자동 반응에 가깝다는 사실을 알게 되었기 때문이다. 생각이 많아질수록 답은 머릿속에 있지 않다. 계단을 오르든, 산책을 하든, 설거지를 하든, 일단 몸부터 움직여보자. 루프는 사고가 아니라 행동에서 다시 작동한다. 몸이 먼저 움직일 때, 생각은 뒤따라 정리되고 삶의 방향도 다시 앞으로 흐르기 시작한다.

심박수를
올리는
운동

●

뇌는 생각이 아니라
심장을 통해 안정된다

우리는 삶을 바꾸고 싶어 한다. 지금과는 다른 하루를 살고 싶고, 같은 고민을 반복하고 싶지 않고, 불안에 끌려다니지 않는 사람이 되고 싶어 한다. 그러나 변화가 필요하다고 느끼는 순간, 행동보다 생각에 갇히고 만다. 무엇부터 해야 할지 생각하다가 충분히 준비되지 않았다는 이유로 다시 제자리로 돌아온다. 행동해야 할 타이밍에 생각이 우리를 주저앉히는 것이다.

변화를 막는 것은 대개 의지 부족이 아니다. 행동 없이 반복되는 생각이다. 머릿속에서 수십 번 시뮬레이션을 돌리는 동안 삶은 조금도 움직이지 않는다. "조금만 더 정리되면", "확신이 생기면"이라는 말이 늘어나지만, 그 사이 우리의 뇌는 점점 더 조심스러워진다. 실패할지도 모른다는 생각, 불편해질지도 모른다는 예상이 행동을 가로막는다. 그렇게 우리는 변화의 문 앞에서 오래 서성인다.

하지만 여기서 한 가지 질문을 던져볼 필요가 있다. 정말로 삶의 변화는 '더 나은 생각'에서 시작될까? 불안을 동반한 변화 앞에서 뇌는 생각보다 훨씬 단순한 방식으로 반응한다. 새로운 선택, 익숙하지 않은 시도, 결과를 알 수 없는 행동은 모두 뇌에 '잠재적 위협'으로 분류된다. 이때 가장 먼저 반응하는 것은 논리가 아니라 심장이다. 심박수가 올라가고, 호흡이 짧아지며, 본능적으로 긴장한다. 아직 아무 행동도 하지 않았는데, 몸은 이미 위험에 대비하고 있다.

이 순서를 이해하지 못하면 우리는 계속 같은 함정에 빠진다. 불안을 없애고 나서, 마음이 안정되면 행동하겠다고 생각한다. 그러나 마음이 안정되기를 기다리는 동안, 변화의 에너지는 점점 줄어든다. 이유는 간단하다. 뇌는 안정된 상태에서

만 움직이도록 설계되지 않았기 때문이다. 오히려 움직임을 통해 안정되는 쪽에 더 가깝다.

무엇을 해야 할지 모르겠다면 계단부터 오르라고 한 말을 기억할 것이다. 무엇이든 심박수를 올리는 운동은 도움이 된다. 심박수를 올리는 행동은 머리로 설득하는 대신, 몸으로 증명하는 방식이다. 심장이 빨리 뛰면 우리는 흔히 불안을 떠올린다. 가슴이 두근거리면 무언가 잘못되고 있다고 해석한다. 그래서 심박수 상승 자체를 피하려 든다. 숨이 차는 상황을 꺼리고, 몸이 반응하는 순간을 불편해한다. 하지만 심박수를 올리는 운동은 이 자동 해석을 정면으로 바꾼다. 심장은 빨리 뛰지만, 아무 일도 일어나지 않는다. 숨은 가쁘지만, 통제는 유지된다. 몸은 긴장하지만, 무너지지 않는다. 이 경험은 뇌에 새로운 학습을 남긴다.

"심장이 빨라져도 나는 괜찮다."

"몸이 반응해도 상황은 안전하다."

이 학습은 생각으로는 거의 불가능하다. 불안한 상태에서 아무리 이성적으로 따져도, 심장이 직접 겪지 않으면 뇌는 믿지 않는다. 반면 운동처럼 반복되는 신체 경험은 설명 없이도 뇌를 설득한다. 심박수가 오르고 내려오는 과정을 여러 번 겪으면서, 신경계는 점차 과잉 경보를 줄이기 시작한다.

변화란 결국 익숙하지 않은 상태로 한 걸음 들어가는 일이다. 그때마다 심장은 먼저 반응한다. 문제는 그 반응을 '멈춰야 할 신호'로 해석하느냐, '지나갈 수 있는 과정'으로 받아들이느냐의 차이다. 심박수를 올리는 운동을 해본 사람은 이 차이를 몸으로 안다. 두근거림이 곧 실패나 위험을 의미하지 않는다는 사실을 이미 경험했기 때문이다.

심박수를 올리는 행동은 단순한 운동이라기보다 변화를 견디는 연습이다. 빠르게 걷고, 계단을 오르고, 잠시 숨이 찰 만큼 몸을 움직이는 동안 우리는 작은 성공을 반복한다. 불편하지만 멈추지 않는다. 반응하지만 도망치지 않는다. 이 경험이 쌓이면, 삶의 다른 장면에서도 같은 태도가 가능해진다. 중요한 대화나 새로운 시도를 앞두고 불안이 올라올 때, 예전처럼 주저앉지 않는다. 심장이 반응하는 것을 이유로 포기하지 않게 된다.

많은 사람들이 삶을 바꾸고 싶다고 말하면서도, 몸은 여전히 가장 안전한 자리에서만 머무르려고 한다. 그러나 변화는 언제나 몸을 먼저 통과한다. 몸이 움직이지 않으면, 마음도 따라오지 않는다. 심박수를 올리는 운동은 삶을 바꾸겠다는 결심을 현실의 행동으로 번역하는 가장 단순한 방법이다.

생각이 충분해질 때까지 기다리지 않아도 된다. 확신이 생길 때까지 멈춰 있을 필요도 없다. 심장이 먼저 반응하는 순간, 몸을 움직이면 된다. 그 작은 선택이 반복될수록, 뇌는 변화란 위험이 아니라 과정이라는 것을 배우기 때문이다.

●

심박수 올리는 운동을 시작하면 생기는 변화

한의원에 찾아와서 진료를 받는 환자들에게 침도 놓고 약도 지어주지만, 나는 심박수를 올리는 운동도 많이 권하는 편이다. 특히 우울감이나 무기력을 느끼는 분들에게 효과가 좋다고 생각한다. 천천히 산책하는 것도 도움이 되지만 일정 구간은 조금 빠르게 걷는 것이 좋다.

물론 몸을 움직이고 심박수가 높아진다고 해서 불안한 생각이 완전히 없어지는 일은 거의 없다. 대신 불안에 대한 몸의 태도는 바꿀 수 있다. 심박수를 올리는 운동을 꾸준히 하다 보면 같은 자극 앞에서도 몸이 덜 놀라고, 덜 얼어붙는다. 이전에는 생각이 앞서 몸을 멈추게 했다면, 이제는 몸이 먼저 반응을 소화해낸다. 이 차이는 작아 보이지만, 삶의 진행 속도를 근본적으로 바꾼다.

가장 먼저 바뀌는 것은 불안의 체감 강도다. 예전에는 가슴이 조금만 두근거려도 '뭔가 잘못되고 있다'라는 신호로 받아들였다면, 운동을 시작한 이후에는 '아, 몸이 반응하는구나' 정도로 받아들이게 된다. 심박수 상승을 이미 여러 번 경험했고, 그 끝이 항상 회복이었다는 사실을 몸이 기억하기 때문이다. 이런 변화는 생각이 아니라 신체 기억에서 비롯된다.

심박수를 올리는 운동은 매번 같은 구조를 반복한다. 심장이 빨라지고, 호흡이 가빠지고, 다시 서서히 내려온다. 시작과 끝이 분명한 이 리듬은 뇌에 중요한 학습을 남긴다. 긴장은 영원하지 않으며, 반응은 자연스럽게 회복된다는 사실이다. 이 학습이 쌓일수록 불안은 '위험'이 아니라 '과정'으로 인식되기 시작한다.

두 번째로 나타나는 변화는 행동의 문턱이 낮아진다는 점이다. 이전에는 무언가를 시작하기 전, 몸이 먼저 긴장하며 제동을 걸었다. 그래서 행동보다 준비가 길어졌고, 준비는 다시 걱정으로 변했다. 그러나 심박수 운동을 경험한 이후에는 긴장

자체가 행동을 막는 이유가 되지 않는다. 몸이 반응해도, '이 상태로도 움직일 수 있다'라는 감각이 남아 있기 때문이다.

이 차이는 일상에서 분명하게 드러난다. 중요한 메일을 보내기 전, 발표를 앞두고, 불편한 대화를 시작해야 할 때 심장이 두근거릴 정도로 빨리 걷거나 계단을 올라보자. 예전보다 덜 미루는 자신을 발견하게 될 것이다. 몸에 여전히 긴장이 남아 있더라도 행동을 마비시키는 지경까지는 가지 않는다. 이때 심박수를 올리는 운동을 억지로 용기를 주입하는 행동으로 생각하진 않기를 바란다. 그저 행동이 가능한 상태의 범위를 넓혀 불안한 상태에서도 할 수 있는 일이 늘어나는 것이니 말이다.

세 번째 변화는 회복 속도다. 불안이 올라오는 순간을 완전히 막을 수는 없지만, 그 상태에 머무는 시간은 눈에 띄게 짧아진다. 예전에는 잠깐의 불안마저 하루 종일 여운으로 남았다면, 이제는 비교적 빠르게 원래의 리듬으로 돌아온다. 이는 심박수 조절 경험이 누적되면서 자율신경계의 유연성이 커졌기 때문이다. 몸이 긴장에서 회복으로 이동하는 길을 이미 알고 있는 셈이다.

이 지점에서 중요한 변화가 하나 더 생긴다. 불안을 대하는 자기 인식이 바뀐다는 것이다. 심박수 운동을 시작한 사람들은 자신을 이렇게 정의하기 시작한다.

"나는 불안을 느끼지 않는 사람이 아니라, 불안에서 회복할 수 있는 사람이다."

이 인식은 생각보다 강력하다. 불안을 없애야 할 적으로 보지 않게 되면, 불안은 더 이상 모든 선택을 좌우하지 못한다. 삶의 중심이 '불안을 피하는 것'에서 '움직일 수 있는 범위를 넓히는 것'으로 이동한다.

또 하나 눈에 띄는 변화는 생각의 질이다. 심박수를 올리는 운동을 하고 난 뒤에는 생각의 결이 달라진다. 불안을 키우는 가정형 사고, 끝없는 비교와 자기 검열의 양이 줄어든다기보다, 우리 안에 머무는 시간이 짧아진다. 몸이 이미 충분히 자극을 받은 상태에서는 생각이 과열되기 어렵다. 그래서 운동 후에 내리는 판단은 대체로 더 단순하고 현실적이다. "일단 해보자", "지금 할 수 있는 것부터 하자" 같은 결론이 빨리 나온다.

이런 변화는 삶의 리듬 전체로 확장된다. 심박수를 올리는 운동은 하루의 한 부분에서 끝나지 않는다. 몸이 반응을 견디는 경험이 쌓일수록, 도전과 변화에 대한 기준이 달라진다. 예전에는 '불안해지면 멈춰야 한다'라는 루프에 갇혀 있었다면, 이제는 '불안해져도 지나갈 수 있다'라는 루프가 작동한다. 결국 심박수를 올리는 운동의 진짜 효과는 체력이나 체중 변화보다 삶에 대한 반응 방식의 변화에 있다. 그러니 지금 당장 제자리 뛰기라도 해보자. 일상에서 할 수 있는 것이라면 뭐든지 좋다. 같은 상황에서도 덜 위축되고, 덜 도망치며, 덜 매달리는 경험을 하게 될 것이다.

•

계속한 일이
내 정체성마저 바꾸었다

심박수를 올리는 운동을 시작하면 몸의 컨디션과 더불어 마음의 반응도 달라진다. 머릿속에서만 맴돌던 불안이 몸으로 내려오고, 생각의 소음이 심장의 리듬에 의해 정리되기 시작한다. 나는 그 변화를 카약으로 경험했다. 그리고 그다음 단계에서 마주한 주제는 '끈기'였다. 운동을 통해 마음이 안정되자, 새로운 질문이 생겼다.

"이 변화를 일시적인 기분으로 끝내지 않고, 삶의 구조로 굳히는 힘을 어떻게 만들 수 있을까?"

해답은 긍정적인 루프로 만드는 데 있었다. 의도한 대로 루프가 만들어지면 그 루프는 삶을 새로운 차원으로 올려놓는다. 이전에 하지 않았던 행동을 계속 반복해, 몸이 그 행동과 태도를 원래부터 내 것이었던 것처럼 자연스럽게 수행하게 될 때 루프가 형성된다.

다만 루프가 형성되는 과정에는 늘 방해가 따른다. 기존의 루프가 새 루프를 원래의 자리로 되돌려 놓으려 하기 때문이다. 기존의 궤도를 벗어나 새로운 궤도로 옮겨가려면 다른 방법이 없다. 그 궤도가 작동할 때까지 모든 행동을 그 궤도에 맞게 반복하는 수밖에 없다.

다른 사람들은 "이만하면 충분히 했어"라고 멈출 때, 멈추지 않고 더 계속하는 힘이 바로 '끈기'다. 나는 카약을 꾸준히 타면서 내가 그동안 끈기가 없었다는 사실을 알게 됐다. 매일 무언가를 반복하고 멈추지 않기 때문에 사람들은 스스로 끈기가 있다고 생각한다. 실제로 지속하지 못하는 사람이 많다는 점에서, 그런 반복이 성실해 보이는 것도 사실이다. 매일 학교에 가고, 매일 회사에 가고, 매일 해야 할 일을 해내니 끈기가 있다고 느낀다.

하지만 삶을 바꿀 수 있을 정도의 지속을 끈기라고 정의하면, 우리가 반복하는 많은 일들은 끈기가 아니다. 그저 '할 만하니까' 하는 일들에 더 가깝다. 물론 원시인의 눈으로 보면 하루 종일 학교에 있거나 회사에 있는 일은 대단한 끈기처럼 보일 수 있다. 그러나 모두가 이미 하고 있는 반복만으로는 탁월함이 만들어지지 않는다. 하기 싫은 일을 계속하면서도 끊임없이 중단하고 싶은 이유를 만들어내고 있다면, 끈기는 아직 삶의 다음 차원을 만들지 못한 상태다.

나는 카약을 시작하면서 어떤 이유가 있어도 일주일에 세 번 이상 타겠다고 다짐했다. 그리고 그 과정에서 내 끈기를 시험하는 대상들을 정면으로 들여다보기로 했다. 야외 스포츠이기 때문에 첫 번째 도전 과제는 날씨였다. 기온이 낮거나 높고, 바람이 불고, 너무 덥고 습하고, 비가 오고 눈이 오면 내 마음은 늘 같은 방식으로 작동했다.

'기온이 너무 낮아서(혹은 너무 높아서) 못 타겠는데.'

'비가 오니까(혹은 눈이 오니까, 바람이 세니까) 못 타겠는데.'

나는 현재 상황을 이용해 중단해야만 하는 이유를 아주 끈질기게 만들어내고 있었다. 그래도 멈추지 않고 밀어붙였다. 어떤 상황에서도 멈추지 않고 새벽마다 한강에 카약을 띄웠다. 그러자 기온이 낮은 날은 공기가 시원하고 밀도가 있어서 좋았고, 더운 날은 복장이 간편해서 좋았다. 비가 오면 운치가 있었고, 눈이 오면 한강에서 하얀 서울을 구경하는 재미가 더할 나위 없이 좋았다. 나가서 좋지 않았던 날은 단 한 번도 없었다.

외부 조건이 중요한 것이 아니라, 그것을 대하는 태도가 더 중요하다는 사실을 그때 배웠다. 눈이 오나 비가 오나 매주 중단 없이 카약을 타자, 동호회에서는 나를 부지런하고 끈기 있고 열정 있는 사람이라고 불렀다. 나는 원래 아침에 운동하는 사람도 아니었고, 부지런함과도 거리가 먼 사람이었다. 그런데 2년 동안 꾸준히 카약을 타면서 생각이 바뀌기 시작했다.

'혹시 내가 끈기 있는 사람이 아닐까.'

내 생각이 바뀌고 주변에서도 그렇게 말해주니, 나는 점점 내가 끈기 있는 사람이라고 믿게 됐다. 그리고 어느 순간 실제로 그런 사람이 되어 있었다. 반복을 통해 루프가 형성되고, 그 루프가 내 정체성까지 바꿔버린 것이다.

아침의 실패를
오늘의 실패로
만들지 말자

●

하루를 무너뜨리는
결정적 순간은 언제 오는가

하루가 무너졌다고 느끼는 날을 떠올려보면, 실제로는 하루
전체가 망가진 경우는 거의 없다. 아침은 괜찮았고, 해야 할 일
도 어느 정도는 해냈다. 그런데 어느 순간, 아주 짧은 틈에서
마음이 꺾인다. 그 순간을 지나고 나면 우리는 이렇게 말한다.

"오늘은 그냥 망했어."

긍정 루프를 설계할 때 가장 먼저 해야 할 일은, 이 말이 언

제 등장하는지를 아는 것이다. 하루를 무너뜨리는 것은 피로도 아니고, 의지 부족도 아니다. 대부분의 경우, 하루는 특정한 한순간에서 무너진다. 이 순간을 나는 '붕괴 루프'라고 부른다.

붕괴 루프는 요란하게 작동하지 않는다. 오히려 너무 사소해서 놓치기 쉽다. 예를 들면 이런 장면들이다. 점심을 먹고 난 뒤 갑자기 집중이 풀리는 순간, 예상보다 길어진 회의 하나, 무심코 본 메시지 한 줄, "이건 왜 아직 안 됐지?"라는 타인의 말한 마디. 이 순간들 자체는 문제가 아니다. 문제는 그다음에 이어지는 해석이다.

"아, 오늘은 흐름이 깨졌네."

"역시 나는 꾸준히 못 해."

"이제 더 해봤자 소용없겠다."

이 해석이 나오는 순간, 하루는 급격히 기울어진다. 아직 시간이 남아 있고, 회복할 여지도 충분한데, 우리는 스스로 하루의 문을 닫아버린다. 이때 붕괴 루프가 반복해서 작동하고 있다는 사실을 알면 자신을 의지가 약한 사람이라고 탓하기보다 어디에서 흔들리는지 명확하게 인식한다. 이 인식 자체가 중요하다. 하루를 살리는 긍정 루프는 의욕을 높인다고 만들어지는 게 아니다. 무너지는 지점을 미리 아는 구조에서 만들어진다.

많은 사람들이 잘되면 성공, 조금만 어긋나면 실패라고 하루를 평가한다. 하지만 루프의 관점에서 보면 하루는 성공과 실패로 나뉘지 않는다. 유지 중이었는가, 이탈했는가의 문제다. 그리고 이탈해도 언제든 다시 돌아올 수 있다. 붕괴 루프가 나타나면 없애려 하지 말고, 신호로 바꾸자. '오늘은 망했다'라는 생각이 떠오르는 순간, 이렇게 해석을 바꾸는 것이다.

"아, 내가 자주 흔들리는 지점이 왔구나."

이 말은 포기 선언이 아니라, 복구 준비 신호다. 이렇게 해석이 바뀌면 하루의 결말도 달라진다. 붕괴 루프가 작동한 이후의 시간은 버리는 시간이 아니라, 다시 돌아오기 위한 여유 구간이 된다.

이 차이는 생각보다 크다. 하루를 통째로 포기하느냐, 잠시 이탈했다고 인정하느냐의 차이이기 때문이다. 도로 주행 중에 잠시 옆길로 샜다고 해서 운전 자체를 포기하는 사람은 아마 없을 것이다. 길을 잘못 들어섰다면 다시 돌아오면 된다.

긍정 루프를 잘 만드는 사람은 하루를 아무 일 없이 보내는 사람이 아니다. 오히려 내가 어느 지점에서 쉽게 무너지는지를 알고 있는 사람이다. 무너지지 않으려고 기를 쓰며 애쓰는 것보다 무너진 뒤에도 얼마든지 돌아올 수 있다는 자신감이 중요하다.

●

계획이 바뀌었을 뿐
오늘 하루가 망한 것은 아니다

눈에 잘 보이지 않지만, 반복적으로 하루를 무력화시키는 루프가 있다. 이 루프는 대개 아주 합리적인 얼굴을 하고 나타난다. 감정에 휘둘리는 것도 아니고, 게으름을 피우는 것처럼 보이지도 않는다. 오히려 스스로를 관리하고 기준을 지키려는 태도처럼 보인다. 그래서 더 오래, 더 깊게 작동한다. 우리는 그 루프 안에서 하루를 판단하고, 행동을 중단하고, 그 선택을 다시 합리화한다.

가장 흔한 루프는 '완벽주의'다. 처음 세운 계획에서 조금만 벗어나도 그날의 가치는 급격히 떨어진다. 아침에 마음먹은 일정이 흐트러지면, 남은 시간은 이미 '질 낮은 시간'으로 분류된다.

"이 정도면 의미 없어."

"원래 하려던 그림이 아니잖아."

이 말들은 단순한 푸념이 아니다. 그날의 나머지 시간을 사용 불가 판정하는 내부 결재다. 완벽주의 루프의 무서운 점은, 기준이 단 하나라는 데 있다. 처음 의도한 방식, 처음 그린 설계도, 처음 상상한 결과. 그 틀에서 벗어나면, 그날은 실패로 분류된다. 그래서 조금만 어긋나도 남은 시간을 전부 버리는 선택을 하게 된다. 완벽하지 않으면 차라리 안 하는 게 낫다는 믿음이 아주 조용하게 작동하는 순간이다.

완벽주의 루프는 스스로를 엄격하게 대하는 태도처럼 보이지만, 실제로는 행동의 지속을 가장 잘 끊어내는 구조다. 완벽을 기준으로 삼는 순간 행동은 언제나 부족해 보이고, 이어갈 이유를 잃는다. 그렇게 하루는 끝나지 않았는데, 이미 마음속에서는 종료된다.

또 다른 루프는 '행동의 무의미화'다. 이 루프는 완벽주의보다 더 부드럽고, 더 교묘하다.

"이건 그냥 한번 해본 거였어."

"원래 그렇게 진지하게 할 생각은 아니었어."

이 말들은 실패를 인정하지 않기 위한 방어처럼 들린다. 실제로 잠시 마음은 편해진다. 하지만 그 대가로, 우리는 방금 했던 행동의 의미를 스스로 지워버린다. 이미 움직였던 시간과 에너지는 '의미 없는 시도'로 재분류된다. 그러면 그 행동은 다음 행동으로 이어질 수 없다. 의미 없는 행동은 반복할 이유가 없기 때문이다. 이 루프는 특히 새로운 시도를 할 때 자주 작동한다. 아직 확신이 없고, 결과가 분명하지 않을 때, 우리는 이렇게 말하며 빠져나온다.

"이건 그냥 테스트였어."

그리고 테스트는 기록되지 않는다. 축적되지 않는다. 다음 시도로 연결되지 않는다. 이 두 루프의 공통점은 분명하다. 행동을 평가하는 기준이 지나치게 결과 중심이라는 점이다. 계획대로 되지 않았다는 이유로, 완성도가 낮다는 이유로, 처음 의도와 다르다는 이유로, 우리는 행동 자체를 실패로 규정한다. 그리고 실패로 규정된 행동은 다음 행동으로 이어지지 않는다. 이렇게 루프는 소리 없이 끊어진다. 아무도 "그만해"라고 말하지 않았는데, 멈춰 있는 상태가 된다.

하지만 계획이 바뀌었다는 건, 루프가 깨졌다는 뜻이 아니다. 오히려 다른 루프가 모습을 드러낸 신호일 수도 있다. 예를 들어 아침에 세운 계획은 무너졌지만, 예상치 못한 상황에 대응하며 전혀 다른 방식으로 움직였던 날을 생각해보자. 집중은 흐트러졌지만, 대신 몸을 더 많이 쓰며 하루를 버텨낸 날이 있었을 것이다. 처음 의도와는 달랐지만 실제로는 조율력, 대응력, 회복력이 쓰였던 날을 처음 의도와 달랐다고 단순하게 '망한 하루'로 처리해버리면, 우리는 중요한 데이터를 하나 잃는 셈이다. 나의 하루는 어떤 조건에서 흔들리는지, 어떤 기준에 집착할 때 스스로를 멈추게 만드는지를 돌아볼 기회를 놓치는 것이다.

루프는 성공한 날보다 어긋난 날에 더 많은 정보를 남긴다. 그렇기에 계획이 바뀌는 순간, 하루의 가치를 즉시 판단하지 않는 것이 중요하다. "오늘은 망했다"라는 문장이 떠오르면, 질문을 이렇게 바꿔보자.

"지금 내가 붙이려는 이 평가는, 어떤 루프에서 나온 걸까?"

완벽해야 한다는 루프인지, 의미가 분명해야만 움직이려는 루프인지, 아니면 통제감을 잃는 순간 포기해버리는 루프인지 스스로에게 묻는 것이다. 이 질문은 당장 행동을 요구하지 않는다. 다만, 하루를 무효 처리하지 않게 막아준다. 판단을 유예하는 것만으로도, 루프는 완전히 끊기지 않는다.

계획이 바뀐 하루는 실패한 하루가 아니다. 그저 예상과 다른 방식으로 흘러간 하루일 뿐이다. 그리고 그 안에는 늘, 내가 반복적으로 빠지는 루프의 흔적이 남아 있다.

긍정 루프를 만든다는 것이 항상 계획을 지키는 사람이 되자는 의미는 아니다. 계획이 깨졌을 때조차, 하루를 통째로 버리지 않는 사람이 되는 것이다. 이 차이를 알면 아침 첫 행동을 하지 못했다는 이유로 하루를 쉽게 폐기하지 않는다. 하루는 망하거나 성공하는 것이 아니라 계속 관찰되고, 수정되고, 이어지는 과정이기 때문이다.

•

오늘을 고치는 대신
내일로 연결시키자

많은 사람들이 하루를 끝낼 때, 무의식적으로 결산을 한다.

"오늘은 이것밖에 못 했어."

"결국 중요한 건 하나도 못 했네."

이 결산은 공정해 보이지만, 기준이 늘 가혹하다. 이미 해낸 일보다 하지 못한 일에 가중치를 두기 때문이다. 이렇게 정리된 하루는 다음 날을 가볍게 만들지 않는다. 오히려 시작하기 더 어려운 상태로 넘겨진다. 습관대로 하루를 평가하지 말고,

연결되었는지를 확인하자.

"오늘의 하루가 내일과 이어져 있는가?"

"완성은 아니더라도, 단절은 아니었는가?"

이 질문은 성과를 묻지 않는다. 대신 연속성을 묻는다. 그리고 이 연속성은 아주 작은 흔적으로도 충분히 확인할 수 있다. 여기서 말하는 흔적은 대단한 기록이 아니다. 하루를 요약하는 문장일 필요도 없고, 반성문일 필요도 없다.

"오늘은 계획이 바뀌었다."

"예상보다 감정 소모가 컸다."

"몸은 많이 움직였지만 집중은 어려웠다."

이 정도의 사실 확인이면 충분하다. 이 흔적의 역할은 의미를 만들기 위함이 아니다. 하루를 지우지 않기 위함이다. 하루를 남겨두면, 다음 날은 그 위에서 시작할 수 있다. 반대로 하루를 폐기하면, 우리는 매번 '처음'으로 돌아간다. 처음은 늘 무겁다. 설명이 필요하고, 결심이 필요하고, 에너지가 많이 든다. 그래서 반복은 끊긴다. 하루를 다음 날로 넘긴다는 것은, '오늘은 이 정도였고, 내일은 여기서 이어가면 된다'라는 감각을 남기는 일이다.

이 감각이 있으면, 내일은 다시 설득하지 않아도 된다. 이미 이어지고 있다는 사실만으로도 출발선은 낮아진다. 중요한 점은, 이 마무리가 잘 했는지 여부와 무관해야 한다는 것이다.

오늘이 만족스러웠든, 엉망이었든, 그날의 자리를 남겨두는 것. 이 태도가 반복되면, 하루를 대하는 마음이 달라진다. 잘 보낸 날만 의미 있고, 그렇지 않은 날은 버려지는 구조에서 벗어나게 된다.

하루를 매일 성공과 실패로 나누기보다 이어졌는지, 끊겼는지를 살펴보자. 완벽하지는 않았지만, 이어졌다면 내일 또 하면 된다. 오늘 하루가 마음에 들지 않았어도, 계획이 틀어졌어도, 집중이 되지 않았어도, 의욕이 낮았어도 상관없다. 오늘을 버리지 않았다면, 그것으로 충분하다. 하루는 고쳐지는 것이 아니라 이어질 때 힘을 가진다. 그리고 그 힘은 아주 조용하게 내일의 당신을 다시 자리로 불러올 것이다.

긍정 루프를 만들면
생기는 변화

•

문제 해결 능력이
커진다

중단하고 싶은 마음을 이겨내며 매일 같은 행동을 지속했을
때 왜 삶에는 좋은 일들이 연이어 일어날까. 보통은 더 많은 지
식이 쌓여 문제 해결 능력이 좋아지기 때문이라고 생각한다.
물론 지식의 축적도 영향을 미친다. 그러나 그보다 더 중요한
변화는 문제를 대하는 태도를 배우게 된다는 점이다.

　도전이란 문제를 피하지 않겠다고 스스로 결정하는 일이다.

동시에 도전에는 반드시 문제가 따라온다는 사실을 받아들이는 일이기도 하다. 도전은 했지만 태도를 배우지 못한 사람은 문제가 발생하는 순간 당황하고 통제력을 잃는다. 그리고 그 경험은 '다시는 하지 말자'라는 결론으로 이어진다. 내 경험으로 미루어 보아 문제가 발생했을 때 취할 수 있는 태도는 크게 세 가지로 나뉘는 것 같다.

첫째, 문제를 인정하지 않는 태도다. 둘째, 문제는 인정하지만 어떻게 해결해야 할지 몰라 멈춰 서는 태도다. 셋째, 문제를 인정하고 개선하려는 태도다.

문제를 피하지 않고 개선하려는 사람은 문제를 숨기지 않는다. 문제가 생겼을 때 감정적으로 크게 흔들리지도 않는다. 그저 문제를 인지하고, 해결 가능한 방향을 찾으려 한다. 이 태도는 타고나는 것이 아니라 반복을 통해 만들어진다.

카약을 타다 보면 여름에는 왕복 20킬로미터 이상을 이동하는 무인도 투어에 참여하기도 한다. 이 투어에 참가하려면 파도를 견디며 10킬로미터 이상을 나아갈 체력과, 이동 중에 발생하는 자잘한 문제를 스스로 해결할 수 있는 능력이 필요하다.

경험이 많지 않은 사람이 참가할 경우, 숙련자들이 최대한 배려한다. 하지만 바다 상황이 좋지 않을 때는 결국 각자가 문제를 해결해야 한다. 바다에서는 문제가 생겼을 때 최대한 빠르게 대응하는 것이 중요하다. 동시에 조급해지거나 감정적으로 움직이면 또 다른 문제가 생긴다. 그래서 침착함이 무엇보다 중요해진다.

출발 전에 모든 장비를 점검하더라도, 항해 중에는 장비가 파손되거나 작동하지 않는 상황이 발생할 수 있다. 이럴 땐 바다 한가운데서 스스로, 혹은 동료의 도움을 받아 응급조치를 할 수 있어야 항해를 이어갈 수 있다. 문제를 외면하면 진행 자체가 불가능해진다.

일상에서 마주하는 대부분의 문제는 하루이틀 미룬다고 당장 큰일이 나지는 않는다. 그러다 보니 문제를 뒤로 미루는 습관이 생긴다. 그렇게 미뤄진 문제들은 쌓이고, 결국 감당하기 어려운 상태로 한꺼번에 눈앞에 나타난다. 그때는 늘 급하게 처리하느라, 삶에 이득이 되는 선택을 할 여유를 잃는다.

반면 끊임없이 새로운 일에 도전하고, 그 일을 끝까지 완수하는 사람들은 문제를 쌓아두지 않는다. 이들은 문제를 남들보다 더 빨리, 더 많이 경험하는 사람들이다. 그 과정에서 문제 해결 능력이 자연스럽게 단련되고, 다른 사람에게는 벅차 보이는 일도 상대적으로 수월하게 처리하게 된다.

구멍 난 바퀴를 바라보기만 하는 사람의 마음은 걱정으로 가득 찬다. 반대로 매일 자동차를 타는 사람은 내일도 운전을 하기 위해 오늘 생긴 문제는 오늘 처리한다. 긍정적인 루프가 작동하는 사람에게 좋은 일이 반복되는 이유는 여기에 있다. 작동 중인 루프가 스스로 인식하지 못하는 사이, 삶의 질서를 하나씩 정돈하고 있기 때문이다.

•

책임감이
커진다

문제 해결 능력이 커진다는 것은 단순히 더 똑똑해진다는 뜻이 아니다. 문제를 외면하지 않고 마주하는 태도가 몸에 배는 것이다. 그 태도가 일정 수준을 넘어서면, 변화는 한 단계 더 나아간다. 문제를 '내 일'로 받아들이는 힘, 즉 책임감이 높아진다.

진료를 하고 회사를 운영하며 유튜브 콘텐츠를 만들다 보면 크고 작은 사건이 늘 발생한다. 지시한 일이 의도와 다르게 전달되거나, 기대한 수준에 미치지 못하는 결과가 나오는 경우도 있다. 이럴 때 필요한 일은 명확하다. 지금 무슨 일이 벌어졌는지를 파악하고, 가장 현실적인 해결책을 찾는 것이다. 그 과정에 감정이 개입할 필요는 없다.

경험을 반복하며 깨닫게 된 사실이 있다. 삶의 많은 문제는 일이 아니라 감정 처리에서 온다는 점이다. 특히 리더의 위치에 있을수록 그 영향은 더 크게 드러난다. 나는 아침 운동을 충실히 마친 날과 그렇지 못한 날의 대응 방식이 분명히 다르다는 사실을 발견했다. 운동을 한 날에는 문책보다 문제 해결에 집중했고, 그렇지 못한 날에는 문책에 더 무게를 두고 있었다.

내 감정이 작동하는 방식을 들여다보니 대응은 두 가지 패턴으로 나뉘었다. 문책에 치우친 경우에는 '왜 정석대로 처리하지 못해 문제를 키웠을까?'라는 생각이 먼저 떠올랐다. 반면 해결에 초점을 맞출 때는 '이 문제가 생긴 구조는 무엇일까, 그렇다면 내가 할 수 있는 일은 무엇일까?'라는 질문으로 사고가 이동했다. 그리고 답이 보이면 그 행동을 선택했다.

내가 할 수 있는 일에 초점을 맞춘다는 것은 감정과 일의 주도권을 다시 내 손으로 가져오는 일이다. 현실적으로 모든 결과를 리더 혼자 책임질 수는 없다. 그러나 반응하기 전에 선택권이 나에게 있다는 사실, 그리고 내게 벌어지는 일의 출발과 해결이 모두 나로부터 시작된다는 태도를 유지하려 노력한다. 그 태도가 책임감의 출발점이라고 생각한다.

책임감이 강하고 리더의 덕목을 지닌 사람들은 예상하지 못한 상황이 발생했을 때 누구를 탓하지 않는다. 그 상황을 자신의 몫으로 받아들이고 침착하게 해결에 나선다. 반면 경험이 많지 않은 사람들은 곤란한 상황이 생기면 원인을 자신에게서 찾기보다 상황에 영향을 준 사람이나 조건에 대한 서운함을 먼저 드러낸다. 평소에는 드러나지 않던 성향이 악조건에서 습관처럼 나타나는 것이다.

다만 이런 태도 역시 고정된 것은 아니다. 시간이 지나며 상황이 좋지 않을 때도 감정에 휘둘리지 않고 대응하는 법을 익히게 된다.

나는 삶에서 벌어지는 대부분의 일이 '이 상황에서 어떤 태도를 선택할 것인가?'를 묻는 시험대라고 생각한다. 그리고 그때마다 문제를 남의 일로 밀어내지 않고 내 일로 끌어안는 선택이 나를 성장시킨다고 믿는다. 기존의 루프를 넘어서는 새로운 루프를 만들어야만 삶의 다음 국면이 열리는 것이다.

새로운 루프는 가만히 있다고 만들어지지 않는다. 새로운 덕목을 갖추려면 그 덕목을 행동으로 반복하며 훈련해야 한다. 책임감 역시 마찬가지다. 책임지는 선택을 반복할 때, 책임감은 성향이 아니라 정체성이 된다. 긍정적인 루프가 작동하기 시작하면, 삶은 그렇게 조금씩 다른 방향으로 움직이기 시작한다.

●

삶의 열정을
찾는다

진료실에서 20대 환자들과 이야기를 나누다 보면 비슷한 말을 자주 듣곤 한다.

"저는 꿈이 없어요."

"앞으로 무엇을 해야 할지 모르겠어요."

"하고 싶은 것도, 좋아하는 것도 없어요."

이런 말은 세대를 막론하고 우리 사회 전반에서 흔하게 들리는 것 같다. 경제 성장의 속도가 느려지고, 노력해도 결과가 잘 보이지 않는 현실 앞에서 열정을 말하는 일 자체가 사치처럼 느껴지기도 한다. 나 역시 열정이 있었던 시기가 있었고, 그 열정이 사그라든 뒤 세상 탓을 하던 시간도 있었다. 그런데 열정은 도대체 어디에서 생기는 것일까?

우리는 '그럭저럭 일을 하는 사람'에게서 열정을 느끼지 않는다. 자신이 하는 일을 좋아하고, 이 일을 제대로 해보고 싶다는 마음을 가진 사람에게서 열정을 느낀다. 중요한 점은, 그 마음이 처음부터 존재하는 경우는 거의 없다는 사실이다.

카약을 처음 시작했을 때 나는 거친 바다에 도전하고, 미지의 섬을 탐험해보고 싶다는 호기심이 전부였다. 패들링이라는 동작 자체에는 큰 관심이 없었다. 그런데 카약을 타는 횟수가 늘어나면서 상황이 달라졌다. 한 시간 동안 같은 동작을 반복하며 패들링을 하는 시간이 점점 즐거워지기 시작했다. 어느 순간부터는 풍경이 주는 감흥조차 대수롭지 않게 느껴졌다. 대신 패들링 능력을 조금이라도 더 향상하는 데 관심이 집중되었다. 몸이 물을 가르는 감각, 리듬이 맞아떨어지는 순간이 주는 만족감이 점점 커졌다.

패들링은 어느새 인생에서 가장 사랑하는 운동이 되었다. 할 수 있는 한 오래, 이 운동을 계속하고 싶다는 생각이 자연스럽게 들었다. 동호회 투어를 나가면 말없이 한 시간씩 패들링에만 집중해 달리곤 했다. 그 시간은 나에게 살아 있다는 감각을 가장 분명하게 느끼게 해주는 순간이었다.

처음에는 사람들이 의아해했다. 쉬지 않고 한 시간씩 패들링을 하면 힘들지 않냐고 묻기도 했고, 체력이 유난히 좋은 사람 정도로 보기도 했다. 그때마다 나는 늘 같은 대답을 했다. 너무 즐겁고, 매일 패들링을 할 수 있다는 사실 자체가 감사하다고 말이다. 그러다 어느 순간, 내가 속도를 낼 때 한 사람이 함께하기 시작했다. 지금은 내가 한 시간 동안 패들링을 있는 힘껏 하면, 다섯 명이 함께 달린다. 내가 특별한 말을 한 것도, 누군가를 설득한 것도 아니었다. 다만 혼자 계속하고 있었을 뿐인데 동참하는 사람들이 생긴 것이다.

이 경험을 통해 명확하게 깨달은 사실이 있다. 열정은 원래부터 있는 성질이 아니라는 점이다. 하다 보니 생기고, 계속하다 보니 커진다. 그리고 열정은 또다시 도전을 부른다. 그 과정은 말보다 행동이 앞선다. 그래서 열정은 설명하지 않아도 주변 사람을 움직이고, 결국 그 사람 안에서도 비슷한 불꽃을 만들어낸다.

열정의 실체를 이해하고 나서, 나는 회사 대표로서 직원들에게 자주 같은 말을 한다. 우리는 세상을 이롭게 할 것이고, 그 과정에서 여러분은 부자가 될 것이라고. 이 말은 구호가 아니라 믿음에 가깝다. 내가 직접 경험했기 때문이다.

열정은 갑자기 떠오르는 감정이 아니다. 믿는 방향이 있고, 그러기로 마음먹은 일을 오늘도 계속해나갈 때 생기는 불꽃이다. 긍정적인 루프가 만들어지면, 삶은 그렇게 다시 뜨거워지기 시작한다.

●

배우는 자세가 달라진다

문제를 피하지 않고 해결하려는 태도가 생기고, 책임을 내 쪽으로 끌어안는 선택을 하며, 삶의 열정과 생기를 찾기 시작하면 또 하나의 변화가 나타난다. 배우려는 태도다. 긍정적인 루프가 작동하기 시작하면, 사람은 더 이상 아는 척하는 식으로 버티지 않는다. 오히려 모른다는 사실을 인정하는 쪽으로 조금씩 기울어진다.

새로운 것을 받아들이는 가장 좋은 방법은 내가 아무것도 모른다는 사실을 인정하는 일이다. 말은 간단하지만, 실제로 이 태도를 유지하기란 쉽지 않다. 이미 어느 정도 해봤고, 중간

이상은 한다는 감각이 생기는 순간 배움은 멈추기 때문이다.

패들링 스포츠의 매력은 자세가 하루아침에 만들어지지 않는다는 점이다. 패들링을 경험하지 않은 사람은 영상을 보고 "그래 봐야 노 젓는 거니까 힘만 있으면 되는 것 아니냐"라고 이야기한다. 겉으로는 단순해 보이기 때문이다. 하지만 패들링은 그 어떤 스포츠보다 정확하고 정교한 자세를 요구한다. 세계 정상급 선수들의 패들링을 보면 미묘한 차이는 있어도 기본 구조는 매우 유사하다. 수영과도 비슷하다. 더 빠른 '비밀 자세'가 있는 것이 아니라, 이미 검증된 자세를 얼마나 정확하게 구현하느냐의 문제다.

패들링을 시작하고 몇 개월이 지나면 대부분 어느 정도 자세가 만들어졌다고 느낀다. 그 시점부터는 자세를 가다듬기보다는 속도를 높이는 데 집중하게 된다. 완성되지 않은 자세로 속도를 끌어올리면 처음에는 기록이 조금씩 좋아진다. 그러나 한두 달이 지나면 더 이상 속도가 늘지 않고, 몸에 부담이 쌓이기 시작한다.

이쯤에서 잘못을 인지하게 되고 선택의 갈림길에 선다. 속도를 잠시 내려놓고 기본 자세로 돌아가려는 사람과, 이미 중간 이상은 된 것 같다는 이유로 기존의 방식을 고수하는 사람으로 나뉜다. 그렇게 1년이 지나면 결과는 분명해진다. 정석 자세를 다시 익힌 사람이 결국 더 빨라진다.

글로 보면 누구나 기본으로 돌아갈 것 같지만, 실제 동호인의 상당수는 잘못을 알면서도 기존 자세를 고수한다. 그들이 하는 말은 비슷하다. "선수 할 것도 아닌데 굳이 그럴 필요가 있냐", "이 정도면 충분하다", "교정하려고 해봤는데 너무 어렵고 스트레스를 받아서 못 하겠다"라는 식이다. 이해가 안 되는 말은 아니다. 하지만 그 선택은 배움을 멈추는 선택이기도 하다.

사람들은 자신이 계속 배우고 있다고 생각한다. 유튜브를 보고, 책을 읽고, 사람들과 이야기를 나누며 새로운 정보를 접하기 때문이다. 그러나 진짜 배움은 단순히 정보를 추가하는 일이 아니다. 이미 알고 있다고 믿는 것을 잠시 내려놓고, 몸과 사고를 다시 훈련하는 일에 가깝다.

나 역시 고등학교 시절 수학을 그렇게 오해했다. 학교 성적은 상위권이었고, 다른 과목도 무난했기 때문에 공대에 갈 실력이 된다고 생각했다. 그러나 공대에 들어가고 나서야 수학을 거의 모른다는 사실을 깨달았다. 결국 처음부터 다시 시작해야 했다.

카약도 비슷했다. 1년 정도 타고 나니 패들링에 대한 자부심이 생겼다. 잘못된 자세가 굳어졌을 때도 다른 사람들의 지적을 대수롭지 않게 넘겼다. 나보다 늦게 시작한 사람이 더 좋은 자세를 보일 때도 애써 외면했다. 하지만 같은 노력을 반복해도 기록이 줄지 않으면서, '조금 안다는 생각을 붙잡고 있으면 한 발짝도 나아갈 수 없다'라는 사실을 인정하게 됐다.

그때부터 나보다 한 부분이라도 자세가 나은 사람이 있으면 그 방법을 묻기 시작했다. 자세에 대한 고집을 내려놓고, 다른 사람들의 움직임을 모방하고, 선수들의 영상을 다시 분석했다. 그러고 나서야 몸은 옳고 그름을 판단하지 않고, 그저 반복된 동작을 고수하려는 루프를 만든다는 사실을 알게 됐다.

배우기 위해서는 아무것도 모른다는 전제가 필요하다. 그 전제가 없으면 새로운 배움은 들어올 자리가 없다. 이 경험 이후로 책을 대하는 태도도 달라졌다. 이전에는 취향이 분명했고, 익숙한 패턴의 책만 골라 읽었다. 받아들이기 편했고, 기존의 생각을 흔들 필요가 없었기 때문이다.

완전히 비우고 받아들이는 연습을 하자, 전혀 알지 못했던 분야의 책도 기초부터 차근차근 읽게 됐다. 일정한 기준을 잡고 읽다 보니 짧은 기간에도 해당 분야의 큰 흐름을 이해할 수 있었다. 여기에서 중요한 것은 속도가 아니라, 배움에 대한 관점 자체가 바뀌었다는 점이다.

긍정적인 루프를 하나라도 만들면, 그 과정에서 배움을 대하는 태도 역시 달라진다. 문제를 피하지 않고, 책임을 끌어안고, 모른다는 사실을 인정하는 선택이 쌓이면서 배움은 다시 움직이기 시작한다. 그 배움이 행동과 독서로 확장될 때, 삶은 이전과는 다른 속도로 변하기 시작한다. 그리고 그 변화는 겉으로 드러나는 성과보다 먼저, 나를 대하는 방식에서 시작된다. 무엇을 더 얻을지보다 어떻게 배우며 살아갈지를 고민하게 되기 때문이다. 그렇게 배움은 목표가 아니라, 삶을 움직이는 방식이 된다.

변화에는
요행이
없다

•

한 번에 바뀌는
일은 없다

사람들은 변화를 말할 때 늘 한 장면을 떠올린다. 인생을 송두리째 바꿔놓은 결정적 계기, 번개처럼 내려친 깨달음, 혹은 단한 번의 선택으로 모든 것이 달라진 순간. 그래서 변화는 대개 '한 번에' 올 것이라 믿는다. 마음먹는 순간, 결심하는 그날, 어떤 강렬한 사건 이후에 이전과는 다른 사람이 될 거라고 기대한다. 하지만 이런 기대야말로 변화가 번번이 실패하는 첫 번째 이유다.

우리는 변화의 결과만 보고 과정을 상상한다. 갑자기 성공한 사람, 어느 날 달라진 사람, 단숨에 인생을 반전시킨 사람. 그러나 그 장면은 늘 편집된 하이라이트다. 카메라는 그 이전의 지루한 반복, 수없이 무너진 결심, 눈에 띄지 않는 선택을 과감하게 잘라낸다. 남는 것은 '한 번에 바뀐 것처럼 보이는' 결과뿐이다. 사람들은 그 장면을 보며 말한다.

"저 사람은 운이 좋았어."

"엄청난 계기가 있었을 거야."

"기가 막히게 타이밍을 잘 잡았네."

문제는 여기서 시작된다. 변화가 요행처럼 보일수록, 우리는 스스로에게서 변화를 유예한다. 아직 계기가 오지 않았고, 아직 마음이 덜 단단하며, 아직 준비가 부족하다는 이유로 행동을 미룬다. 그렇게 변화는 늘 미래형이 된다. 언젠가, 조금 더 여유가 생기면, 확실한 계기가 생기면 시작하겠다고 말하면서 말이다.

인간의 뇌는 급격한 변화에 환상을 품도록 설계되어 있다. 단번에 상황이 달라지는 이야기는 도파민을 자극한다. 반면 반복과 누적은 지루하다. 보상이 늦게 오고, 성취감도 작다. 그래서 뇌는 '한 번에 바뀌는 이야기'를 선호하고, 그 서사를 끊임없이 소비한다. 문제는 현실의 변화가 그 서사를 거의 따르지 않는다는 데 있다.

결심이 약해서 변화에 실패하는 게 아니다. 대부분의 변화는 결심이 너무 크기 때문에 실패한다. "이번에는 완전히 바뀌어야지"라는 말은 멋있지만, 그 말속에는 한 가지 위험한 전제가 숨어 있다. 지금의 나와 전혀 다른 사람이 되어야 한다는 전제다. 이 간극은 생각보다 크고, 그만큼 부담도 크다. 그래서 처음 며칠은 의욕적으로 달리다가, 어느 순간 원래의 자리로 되돌아온다. 그리고 그때 우리는 이렇게 결론 내린다.

"역시 나는 안 되는 사람이야."

하지만 실패의 원인은 사람이 아니라 방식이다. 변화는 점프가 아니라 이동에 가깝다. 순간이 아니라 경로에 가깝다. 한 번에 바뀌려고 할수록, 변화는 오히려 멀어진다. 큰 결심은 강한 출발을 만들지만, 지속을 보장하지는 않는다. 지속을 만드는 것은 언제나 사소한 선택이다. 눈에 띄지 않고, 성취처럼 보이지도 않는 선택들 말이다.

요행을 기대하는 순간, 우리는 변화를 외주에 맡긴다. 운에, 계기에, 환경에 아웃소싱 해버리는 것이다. 하지만 진짜 변화는 외주로 해결되지 않는다. 대신 내부에서, 반복 속에서, 거의 느껴지지 않는 속도로 진행된다. 오늘과 내일이 크게 다르지 않아 보여도, 같은 선택이 누적되면 방향은 분명히 달라진다. 문제는 우리가 그 변화를 너무 빨리 확인하려 한다는 점이다. 변화에는 요행이 없다. 다만 요행처럼 보이게 만드는 긴 시간이 있을 뿐이다.

•

루프는 언제나
'누적의 결과'로 나타난다

루프는 결정의 문제라기보다 축적의 문제다. 어떤 선택을 했느냐보다, 그 선택이 몇 번 반복되었느냐가 루프라는 결과를 만들기 때문이다. 루프를 만드는 변화는 늘 조용히 쌓인다. 눈에 띄는 소음도, 극적인 장면도 없이 진행된다. 그래서 눈에 띄게 달라지는 변화는 종종 뒤늦게 인식된다. 이미 많이 진행된 뒤에야 "그때부터 달라졌던 것 같다"라고 말하게 된다.

　누적의 특징은 이렇다. 초반에는 거의 아무 일도 일어나지 않는 것처럼 느껴진다. 체중 변화, 실력 향상, 관계의 신뢰, 사고방식의 전환 모두 마찬가지다. 일정 지점에 도달하기 전까지는 노력과 결과가 맞물리지 않는다. 그래서 많은 사람들이 중간에서 멈춘다. '이 정도 해봤는데도 달라지는 게 없네'라는 판단은, 사실 변화가 실패했다는 증거가 아니라 아직 임계점에 도달하지 않았다는 신호다.

자연 현상은 이 원리를 정확하게 보여준다. 물은 99도까지 아무 변화가 없다가, 100도가 되는 순간 상태가 바뀐다. 그러나 변화는 100도에서 시작된 것이 아니다. 1도부터 99도까지의 누적이 있었기에 가능한 일이다. 인간의 변화도 다르지 않다. 어느 날 갑자기 달라진 것처럼 보이는 사람은, 이미 오랜 시간 눈에 보이지 않는 온도를 올려온 사람이다.

중요한 점은 이 누적이 의식적 노력만으로 이루어지지 않는다는 사실이다. 생각, 감정, 행동은 매일 자동으로 반복된다. 아침에 눈을 뜨는 방식, 일을 대하는 태도, 불편한 상황을 회피하는 습관, 특정 상황에서 스스로에게 건네는 말들. 이 사소한 반복들이 사람을 서서히 한 방향으로 밀어낸다. 하지만 우리는 그 방향을 잘 느끼지 못한 채 살아간다. 매일의 변화량이 너무 적기 때문이다.

그래서 변화는 종종 오해받는다. "저 사람은 갑자기 달라졌어"라는 말은, 사실 관찰이 늦었다는 뜻에 가깝다. 주변에서 알아차리지 못했을 뿐, 변화의 루프는 이미 진행 중이었다. 스스로에 대한 자각 역시 마찬가지다. 우리는 자신의 누적을 과소평가한다. 하루의 선택을 하찮게 보고, 그 반복이 만들어낼 미래를 거의 계산하지 않는다.

여기서 중요한 구분이 생긴다. 비록 노력이 기억되지 않더라도, 누적은 남는다. 어제 무엇을 했는지는 금세 잊히지만, 그 행동이 반복된 결과는 몸과 사고방식에 각인된다. 그래서 변화는 '의욕적인 날'이 아니라 '평범한 날들'에서 만들어진다. 컨디션이 좋지 않은 날에도, 기분이 내키지 않는 날에도 이어진 선택만이 누적을 만든다.

누적의 힘은 공평하다. 좋은 방향으로도, 나쁜 방향으로도 작동한다. 아무것도 하지 않는 선택, 미루는 선택, 익숙한 방식으로 돌아가는 선택 역시 누적된다. 다만 이 누적은 더 잘 보이지 않는다. 변화가 없다고 느끼는 삶은, 사실 정체가 아니라 하강의 누적일 가능성이 크다. 움직이지 않는 것처럼 보여도, 어디로 향하는지 방향이 이미 정해져 있다. 루프는 결과처럼 보일 뿐, 실제로는 늘 과정의 부산물이라는 사실을 기억하자.

운이 아니라
구조를 만드는 사람들

루프는 생각보다 단순하다. 자극이 오고, 반응이 일어나고, 그 결과가 다시 다음 반응의 조건이 된다. 문제는 이 과정이 대부분 의식 밖에서 돌아간다는 점이다. 예를 들어 일이 잘 풀리지 않는 날이면 괜히 자신을 몰아붙이고, 그 피로감 때문에 중요한 선택을 미루고, 미뤄진 결과를 보며 다시 자신을 비난하는 흐름. 이건 의지가 약해서가 아니라, 이미 완성된 루프가 있기 때문에 반복된다.

같은 사람도 어떤 루프의 영향을 받느냐에 따라 전혀 다른 결과를 낳는다. 의욕적인 사람이라도 하강 루프에 들어가면 점점 소진되고, 평범한 사람이라도 상승 루프에 올라서면 시간이 갈수록 안정된다. 그래서 변화는 '누가 더 열심히 사느냐'의 문제가 아니라, '어디에서 반복하고 있느냐'의 문제다.

운이 좋았던 사람처럼 보이는 이들의 공통점은 하나다. 그들은 운을 기다리지 않고 구조를 먼저 바꿨다. 하루의 시작을 바꾸고, 반응의 순서를 바꾸고, 실패했을 때 돌아가는 기본값을 바꿨다. 이 작은 변화는 당장은 눈에 띄지 않는다. 하지만 루프는 방향만 바뀌어도 시간이 흐를수록 격차를 만든다. 같은 속도로 달려도, 원을 도는 사람과 나선을 그리는 사람의 도착지는 전혀 다르다.

루프의 잔인한 점은 이것이다. 한 번 만들어지면, 특별한 노력 없이도 계속 돌아간다. 반대로 말하면, 루프를 건드리지 않는 변화는 오래가지 않는다. 새로운 계획, 새로운 다짐, 새로운 자극이 실패하는 이유는 대개 여기에 있다. 기존 루프 위에 새로운 목표를 얹어두었을 뿐, 반복의 구조는 그대로였기 때문이다.

그래서 진짜 변화는 질문부터 다르다. 무엇을 할 것인가가 아니라, 어디서 되돌아오는가를 묻는다. 힘들 때 나는 어디로 돌아가는가. 일이 틀어졌을 때, 나는 어떤 선택을 기본값으로 삼는가. 이 질문에 답하지 못하면, 변화는 언제나 원래 자리로 회귀한다. 루프는 늘 가장 익숙한 방향으로 사람을 끌어당긴다.

흥미로운 건, 이 루프가 의외로 사소한 지점에서 바뀐다는 사실이다. 목표가 아니라 반응의 타이밍, 의지가 아니라 환경의 배열, 성격이 아니라 선택의 마찰에서 갈린다. 어떤 선택은 쉽게, 어떤 선택은 어렵게 만들어두는 것만으로도 루프의 방

향은 달라진다. 이때부터 변화는 감정이 아니라 설계의 문제
가 된다.

요행은 우연에 기대는 태도다. 반면 루프는 확률을 관리하
는 방식이다. 한 번의 성공을 바라보는 대신, 같은 성공이 반복
될 가능성을 높이는 것. 이것이 구조를 만든다는 말의 진짜 의
미다. 변화가 한 번의 사건처럼 보이는 순간은 이미 루프가 충
분히 돌아간 뒤다. 그때 사람들은 운을 이야기하지만, 실제로
작동한 것은 루프였다.

루프는 우리를 시험하지 않는다. 대신 내가 반복한 행위의
결과를 그대로 돌려준다. 어떤 루프를 선택했는지에 따라, 우
리의 삶은 아주 공정하게 반응할 뿐이다.

Loop 7

매일
같은 시각에
같은 일을 하라

•

시간을
고정한다는 것의 의미

하루의 루프를 시작하려면, 시동을 거는 첫 행동이 필요하다. 이때 가장 중요한 원칙은 의외로 단순하다. 매일 같은 시간에, 같은 행동을 하는 것이다. 사람들은 변화를 결심할 때 대개 '내용'을 바꾸려 한다. 무엇을 할지, 무엇을 끊을지, 무엇을 더 잘할지를 고민한다. 그러나 삶을 실제로 바꾸는 힘은 내용이 아니라 반복되는 형식에 있다. 특히 매일 같은 시각에 같은 일을 한다는 것은 단순한 생활 습관이 아니라, 삶의 주도권을 다시 손에 쥐는 설계에 가깝다.

왜 시간과 행동의 고정이 중요할까. 그 이유는 몸이 생각보다 훨씬 똑똑하기 때문이다. 우리 몸에는 서카디안 리듬(circadian rhythm), 즉 24시간 생체시계가 있다. 빛과 수면, 체온과 호르몬 분비, 소화와 에너지 수준, 감정의 파동까지 이 리듬에 따라 조율된다. 그리고 이 리듬은 반복되는 특정 행동을 기준점(Anchor)으로 삼아 정렬된다. 매일 같은 시간의 같은 행동은 몸의 시계에 '이제 이 리듬으로 가면 된다'라는 신호를 보내는 셈이다.

인간의 뇌 역시 리듬에 반응한다. 해가 뜨고 지는 시간, 식사 시간, 잠자리에 드는 시각처럼 반복되는 신호를 기준으로 에너지를 배분한다. 이 리듬이 흐트러질수록 우리는 매번 결정을 해야 하고, 결정이 많아질수록 의지는 빠르게 소진된다. 반대로 같은 시각에 같은 행동을 반복하면, 뇌는 그 행동을 판단이 필요 없는 영역으로 넘긴다. 이때부터 루프는 '노력'이 아니라 '시스템'으로 작동한다.

그래서 루프를 설계할 때는 크고 대단할 필요가 없다. 오히려 아주 작고 사소할수록 좋다. 매일 아침 같은 시각에 10분

글을 쓰는 일, 같은 시간에 스트레칭을 하는 일, 같은 시각에 책 한 쪽을 읽는 일 정도면 충분하다. 핵심은 성과가 아니라 고정된 시작 신호다. '시간 나면'이 아니라 '매일 이 시각에'라고 정하는 순간, 행동은 매번 에너지를 써야 하는 선택이 아니라 자연스러운 약속이 된다.

처음 며칠은 어색할 것이다. 컨디션이 좋지 않은 날도 있고, 별 의미 없어 보이는 날도 있다. 하지만 바로 그날들이 루프를 만든다. 잘되는 날이 아니라, 잘 안되는 날에도 반복했을 때 행동은 루프라는 구조로 넘어간다. 이 시점을 지나면 묘한 변화가 생긴다. 그 시간이 가까워질수록, 특별히 결심하지 않아도 몸이 알아서 준비를 시작하는 것이다.

루프가 한 번 정렬되기 시작하면, 몸은 시간에 맞춰 에너지를 준비한다. 정해둔 아침 시간이 다가오면, 몸은 자연스럽게 깨어날 준비를 하고 집중할 준비를 한다. 반대로 시간이 들쭉날쭉하면, 몸은 매일 "오늘의 리듬은 뭔데?"를 다시 계산하느라 에너지를 소모한다. 이때 멍함, 무기력, 불안정이 찾아온다. 끈기와 집중력이 바닥나는 이유의 상당 부분은 의지가 아니라 리듬 붕괴에 있다. 그래서 처음 루프를 설계할 때는 단순할수록 좋다.

나는 매일 7시에 물 한 잔을 마시고 3분 계단 오르기를 한다.

매일 8시 30분에 책 10페이지를 읽는다.

매일 같은 시간에 같은 행동이 반복되면 루프는 몸에 저장된다. 그리고 일정 주기를 넘기면, 그 시각이 되면 몸이 스스로 당신을 그 행동의 자리로 데려간다. 이것이 루프의 초기 원심력이다. 핵심은 잘하는 것이 아니라, 시간과 행동의 고정이다. 시간이 고정되면, 몸이 정렬된다. 몸이 정렬되면, 마음이 따라온다. 마음이 따라오면, 삶의 궤도가 바뀐다.

물론 모든 사람이 같은 조건에서 아침을 시작하지는 않을 것이다. 특히 현대인은 에너지 상태가 좋지 않은 경우가 많다. 만성적인 저혈압, 저체온, 빈혈, 에너지 대사 저하로 아침 자체가 버거운 사람들도 적지 않다. 이럴 때 기상이 힘든 이유를 의지 부족으로만 해석하면, 루프는 시작되기도 전에 무너진다.

이런 경우에는 무작정 밀어붙일 필요가 없다. 몸이 기동할 수 있는 연료를 먼저 넣어주는 것이 더 중요하다. 아침에 바로 운동이 힘들다면, 미지근한 소금물 한 컵에 달걀 한 개, 혹은 견과류 소량 정도면 충분하다. 이 정도의 나트륨과 단백질, 지방은 혈압과 체온을 빠르게 끌어올려준다. 몸이 깨어나고, 엔진이 도는 느낌이 생긴다. 그 상태에서 가벼운 움직임을 시작하면 루프는 훨씬 부드럽게 이어진다.

반대로 다이어트에 집착해 공복 운동만을 고집하면 어떨까. 초반에는 성취감이 있을지 모르지만, 에너지가 바닥나 오래가지 못한다. 루프의 생명은 지속성인데, 공복 상태의 무리한 움직임은 그 지속성을 깎아 먹는다. 한두 번은 가능해도 몇 달, 몇 년은 이어지기 어렵다. 중요한 것은 '날씬해지기 위한 아침'이 아니다. 살아지는 삶을 만드는 아침이다. 체중이 아니라 리듬을 관리하는 사람이, 결국 삶 전체의 기세를 갖게 된다.

매일 같은 시각에 같은 일을 한다는 것은 삶에 작은 기둥 하나를 세우는 일이다. 하루가 흔들려도, 감정이 요동쳐도, 그 기둥만큼은 남는다. 그리고 그 기둥은 생각보다 멀리까지 버틴다. 어느 순간 돌아보면, 인생이 바뀐 계기가 거창한 결심이 아니라 같은 시각에 같은 일을 했던 시간이었다는 사실을 깨닫게 될 것이다.

작고 하찮아 보여도 괜찮다. 아니, 작고 하찮을수록 좋다. 그저 매일 같은 시간에, 같은 방식으로 반복하라. 그것이 당신의 삶을 원하는 방향으로 움직이게 만드는 자동 운행 장치다.

오늘을 바꾸는 긍정 루프 만들기

1   하루의 방향은 아침의 첫 행동에서 이미 결정된다.

2   생각이 많아질수록 더 깊이 생각하지 말고, 몸부터 움직여야 한다. 행동이 시작되면 생각은 정리되고, 멈춰 있던 하루는 다시 흐르기 시작한다.

3   심박수를 올리는 움직임은 감정을 설득하지 않고 상태를 바꾼다. 몸의 리듬이 바뀌면, 불안·무기력·망설임의 루프는 자연스럽게 느슨해진다.

4   변화를 막는 저항은 제거의 대상이 아니라, 다뤄야 할 새로운 신호다.

5   하루가 무너지는 순간은 실패해서가 아니라, 스스로 무효화할 때 온다. 계획이 어긋났다는 이유로 하루 전체를 폐기하는 선택이 루프를 끊는다.

6   긍정 루프는 완벽한 하루가 아니라, 이어진 하루에서 만들어진다. 잘한 날보다 중요한 것은, 멈췄다가 다시 이어간 날이다.

Chapter 3

루프 설계자로
살아가기

"지금 바로 이 순간, 우리는 새로운 루프의 첫날을 만들 수 있다. 그것이 하루를, 한 달을, 1년을 바꾸고, 결국 10년 뒤의 풍경을 완전히 바꾼다. 이 사실이야말로 가장 현실적인 희망이다. 낡은 인생 루프를 리셋하라. 그리고 당신이 아직 가보지 못한 삶의 궤도로, 천천히 그러나 확실하게 진입하라."

결국은
'내가 누구인가'의
문제다

●

내가 반복해온 것이
나를 만든다

지금까지 귀가 따갑게 들은 말일 것이다. 지겹겠지만 한 번 더 반복하는 것을 이해해주기 바란다.

"내가 반복해온 것이 나를 만든다."

이 책의 처음부터 마지막까지 이 말을 줄기차게 강조하는 이유는 정말로 중요한 명제이기 때문이다. 우리는 이것을 이미 알고 있다고 생각하지만 제대로 알고 있는 경우는 드물다.

알고 있다고 생각하는 것과 알고 있는 것을 실행하는 것이 다르듯, 내가 반복해온 것이 나를 만든다는 사실을 알고 있다면 왜 우리는 자신을 성장시키기는커녕 가로막거나 심지어 무너뜨리는 행동을 멈추지 않는 것일까?

"나는 아침형 인간이야"라고 말하면서 알람을 다섯 번이나 미뤘던 적 있지 않은가. 다이어트를 하겠다고 단호하게 선언한 그날 밤, 치킨 박스를 앞에 두고 "내일부터 진짜 시작이지"라고 외치던 기억은 또 어떤가. 사실 정체성은 거창한 자기소개서에서 만들어지지 않는다. 내가 매일 반복하는 루프가 곧 나를 규정한다.

"나는 게으른 사람이야"라는 말은 그저 습관적인 자기평가 같지만, 매일 10분 늦잠 자는 루프가 이 정체성을 현실로 굳게 만든다. 반대로 "나는 도전하는 사람이야"라는 말은 멋져 보이는 선언이 아니라, 실패와 성공에 일희일비하지 않고 새로운 도전을 해나가는 행위 속에서 살아난다. 정체성은 그렇게 오늘 아침의 사소한 행동에서부터 만들어지는 것이다.

아리스토텔레스(Aristotle)가 말한 "우리는 반복하는 것의 총합이다"라는 문장은 철학책 속에만 머물지 않는다. 나의 루프는 내 성격을, 태도를, 그리고 인생을 다시 쓰게 한다. 내가 매일 무심코 반복하는 루프는 나의 어떤 정체성을 강화하고 있는가?

세계적인 대문호 윌리엄 셰익스피어(William Shakespeare)는 수많은 작품을 통해 인간 심리를 날카롭게 해부했다. 비극《리어왕(King Lear)》에서 주인공 리어는 절망의 순간에 이렇게 묻는다.

"내가 누구인지 말할 수 있는 자는 누구인가?"

왕좌와 권력, 딸들의 충성을 잃은 그는 더 이상 자신을 왕으로도, 아버지로도 규정할 수 없었다. 정체성이 흔들릴 때 인간은 단순히 역할을 잃는 것이 아니라, 존재의 근거 자체가 붕괴되는 경험을 한다. 리어의 물음은 단순한 문학적 수사가 아니다. 오늘을 살아가는 우리 역시 순간순간, 이 질문에 직면한다. 나는 누구인가? 나는 무엇을 반복하며 살아왔는가?

현대 심리학과 뇌과학은 이 질문에 명확한 답을 준다. 정체성은 어느 날 한 번의 결단으로 생기는 것이 아니라, 매일 반복되는 작은 행동이 쌓여 만들어지는 것이다. 뇌는 습관적 행동과 언어를 신경 회로에 각인시키고, 그 회로는 시간이 흐르며 우리의 자기 인식을 형성한다.

예를 들어 "나는 성실한 사람이다"라는 정체성은 시험 전날

벼락치기에서 비롯되지 않는다. 매일 정해진 시간에 책상에 앉아 한 장씩 읽는 행동이 쌓여서 만들어진다. 같은 맥락에서 "나는 창의적인 사람이다"라는 자기 인식도 어느 날 갑자기 떠오른 영감이 아니라, 매일 낯선 아이디어를 메모하고, 작은 실험을 반복하는 습관 속에서 형성된다. 반복은 결국 정체성의 거울이다.

철학자 찰스 테일러(Charles Taylor)는 정체성을 '이야기의 틀 속에서 살아가는 자기 이해'라고 정의했다. 우리는 모두 각자의 이야기를 쓰며 살아가지만, 그 이야기의 장면 하나하나를 채우는 것은 다름 아닌 우리 안에서 작동하는 루프인 것이다. 리어왕이 권력과 지위를 잃으며 자기 삶의 이야기를 잃었던 것처럼, 반복을 잃은 사람은 자기 이해의 기반을 잃는다. 반대로 루프를 의식적으로 설계하는 사람은 자신의 내러티브를 다시 쓰고, 원하는 정체성을 새롭게 그려낼 수 있다.

심리학의 아버지로 불리는 윌리엄 제임스(William James)는 이미 19세기 말에 "습관은 인간의 두 번째 천성이다"라고 말했는데, 오늘날 뇌과학은 이를 뒷받침한다. 습관이 될 정도로 반복된 행동은 기억과 감정, 행동을 하나의 고리로 묶어 '나'라는 자아를 안정적으로 형성한다는 것이다.

정체성은 습관화된 루프의 자화상이다. 자신을 스스로 '성실하다', '창의적이다', '책임감 있다'라고 규정하게 만드는 것은 단 한 번의 성취가 아니라 수없이 반복된 작은 루프로 인해 가능해진다.

아침에 눈을 뜨자마자 스마트폰을 드는 루프는 '수동적 자아'를 만든다. 반대로 일어나자마자 일기를 쓰는 루프는 '성찰적 자아'를 설계한다. 저녁에 습관처럼 불평을 늘어놓는 루프는 '비관적 자아'를 강화하고, 작은 감사 기록을 남기는 루프는 '긍정적 자아'를 빚는다. 결국 나는 내가 반복하는 루프 그 자체이며, 정체성은 찾아야 할 무언가가 아니라 매일 만들어가는 습관의 집적물이다.

•

루프가 만드는
정체성

자기계발서 가운데 가장 큰 반향을 일으킨 책 중 하나로 제임스 클리어(James Clear)의 《아주 작은 습관의 힘(Atomic Habits)》을 손꼽는 사람이 많을 것이다. 클리어는 "습관은 정체성에 대한 반복적인 투표다"라고 말하며 습관을 단순히 목표를 이루는 도구가 아니라, 정체성을 만드는 과정으로 보았다.

예를 들어, 누군가 매일 아침 일어나자마자 러닝화를 신고 집 앞을 달린다면, 그는 단순히 운동을 한 것이 아니다. '나는 러너다'라는 정체성에 한 표를 던진 것이다. 반대로 매일 아침 눈을 뜨자마자 스마트폰을 열고 한 시간 동안 SNS를 소비하는 사람은 '나는 수동적으로 시간을 흘려보내는 사람이다'라는 투표를 한 셈이다. 단 하루의 행동은 사소해 보이지만, 그것이 매일 반복되면 결국 '나는 어떤 사람인가'라는 자아상을 결정짓는다.

이제 막 마라톤을 시작한 사람이 완주를 목표로 세웠다고 해보자. 그러나 목표만으로는 오래가지 않는다. 첫 주는 의욕적으로 달리다가도, 피곤하거나 날씨가 나쁘면 금세 멈추게 된다. 반면 '나는 러너다'라는 정체성을 선택한 사람은 상황에 흔들리지 않는다. 그는 스스로를 러너로 인식하기 때문에, 비가 오든 바람이 불든 러닝화를 신는다. '정체성 기반 습관(Identity-based habit)' 이론은 바로 이 점을 강조한다. 목표는 결과 중심이지만, 정체성은 과정 중심이다. 과정이 쌓이면 결국 목표는 자연스럽게 따라온다.

우리는 오늘도 무언가를 반복하고 있다. 그리고 그 반복이 쌓여 미래의 나를 결정한다. 매일 한 페이지라도 글을 쓰는 사람과, 매일 한 시간씩 SNS를 소비하는 사람의 하루는 큰 차이가 나지 않는다. 그러나 1년이 지나면 전혀 다른 두 사람을 마주하게 된다. 전자는 365페이지의 원고를 가진 사람이 되고, 후자는 수백 시간의 소비 흔적만을 남긴다. 전자는 '나는 작가다'라는 정체성을 얻게 되고, 후자는 '나는 관객이다'라는 정체성을 강화한다. 오늘의 반복이 내일의 정체성을 만든다는 것을 명심하자.

●

용기 있는 사람이 되고 싶다면 역경을 통과하라

흥미로운 이야기 하나를 소개하려고 한다. 한 나라의 왕이 있었다. 사람들이 원하는 소원을 모두 들어줄 정도로 전지전능한 능력을 지닌 왕이었다. 그런데 왕이 사람들의 소원을 들어주는 방식은 독특했다. 사람들이 원하는 결과를 주되, 그들이 원하는 방식은 아니었다. 어느 날, 왕에게 한 소년이 찾아왔다.

"네가 원하는 소원이 무엇이냐?"

왕의 물음에 소년은 눈빛을 빛내며 대답했다.

"용기 있는 사람이 되고 싶습니다."

왕은 고개를 끄덕였다.

"네 소원이 이루어질 것이다."

"언제 이뤄질까요?"

"때가 되었을 때 저절로 알게 될 터이니 걱정하지 말거라."

"제가 소원이 이뤄졌다는 것을 어떻게 알 수 있지요?"

"그 또한 저절로 알 수 있을 것이다."

소년은 궁금한 게 많았지만, 소원이 이뤄질 것이라는 왕의 말을 믿고 물러났다. 그날 이후 소년의 삶에 위기와 고난이 폭풍우처럼 몰아치기 시작했다. 힘든 일을 겪을 때마다 소년은 왕의 말을 생각했다.

"괜찮아. 소원은 이뤄질 거야."

그러나 1년이 지나고 2년이 지나도 소년은 여전히 힘든 시간을 보냈다. 부모님이 돌아가시고 일자리를 잃었다. 친구에게 배신당하고 몸을 심하게 다친 적도 있었다. 그렇게 10년이 지난 후 소년은 청년이 되었다. 더 이상 참을 수가 없었다. 화가 머리끝까지 나서 왕을 다시 찾아갔다.

"왕이시여, 저는 10년 전 소원이 이뤄질 것이라는 말만 믿고 지금까지 버티며 살아왔습니다. 그러나 왜 저에게 거짓말을 하셨나요? 제 삶은 조금도 나아지지 않았습니다. 오히려 더 나빠졌지요. 부모님을 잃었고 친구에게 배신당했으며 건강까지 해쳤습니다."

왕은 청년을 물끄러미 바라보며 이렇게 말했다.

"네 소원이 무엇이었느냐?"

"용기 있는 사람이 되는 것이었습니다."

"부모님을 잃고서도 혼자 꿋꿋하게 살아왔는가?"

"네, 그렇습니다."

"친구에게 배신을 당했어도 다시 누군가를 신뢰했는가?"

"네, 그렇습니다."

"건강이 나빠졌어도 일에 대한 책임을 다했는가?"

"네, 그렇습니다."

"잘했다. 네가 바란 대로 용기 있는 사람이 되었구나."

왕의 말에 청년은 놀란 표정을 지었다. 왕은 청년이 삶에서 보여준 용기를 칭찬하며 큰 상을 내렸다.

용기 있는 사람이 되기를 원했던 소년의 이야기에서 알 수 있는 것처럼 정체성은 내가 삶에서 반복하는 행위를 통해 만들어진다. 용기 있는 사람이 되고 싶다면 역경을 통과해야 하고, 부자가 되고 싶다면 돈을 다루는 법을 배워야 한다.

우리는 스스로를 정의하고 싶어 한다. 하지만 '나는 누구인가'라는 질문에 뚜렷한 답을 내리는 순간은 거의 없다. 정체성은 유동적이고 가변적이다. 우리는 언제든 다른 루프를 심어, 다른 정체성을 살아낼 수 있다. 작가가 되고 싶다면 글을 쓰자. 리더가 되고 싶다면 책임지는 행동을 하자. 정체성은 선언이 아니라, 반복의 궤적이 남긴 뚜렷한 선이다.

Loop 2

컴포트존에서
과감히
벗어나라

•

세계의 수많은 영웅담이
말해주는 것

지독한 알코올 중독자가 있었다. 그는 낮에도, 밤에도 술을 마셨다. 술은 그에게 가장 손쉬운 피난처였다. 마시는 순간 걱정이 사라지고, 불안은 잠잠해졌다. 술잔 속에서 그는 유쾌한 사람, 활력이 넘치는 사람으로 변했다. 그러나 그것은 진짜가 아니라 '편안함의 위장'이었다.《편안함의 습격(The Comfort Crisis)》으로 세계적인 베스트셀러 작가가 된 마이클 이스터

(Michael Easter)는 한때 알코올에 갇힌 사람이었다.

그가 붙잡은 술은 안전하고 익숙한 세계였다. 하지만 익숙함은 언제나 안전을 보장하지 않는다. 개구리를 뜨거운 물에 던지면 펄쩍 뛰어 도망치지만, 미지근한 물에 담가 서서히 온도를 높이면 개구리는 변화도 모른 채 삶아진다. 마이클 이스터에게 술은 바로 그 미지근한 물이었다. 편안하고 익숙하다는 이유로 그 안에 머무른 사이, 몸과 정신은 조금씩 삶아지고 있었다. 좋아서 머무른 게 아니라, 익숙해서 빠져나오지 못한 것이다.

자기 몸에서 나온 토사물 속에서 눈을 뜨는 일을 몇 번씩 반복하던 그는 알코올 중독자의 삶이라는 컴포트존(comfort zone)을 완전히 떠나기로 결정한다. 삶의 새로운 루프를 만들기로 결심한 것이다. 이후 그는 달라진 루프 속에서 알코올 없이도 살아가는 사람이 되었고 행동 변화 전문가이자 건강 저널리스트로 변모했다.

만약 그가 인생의 어느 시기에 익숙한 대로 사는 것을 중단하지 않았다면 어떻게 되었을까? 알코올 중독자로 평생 살다가 토사물 속에서 죽어갔을지도 모를 일이다.

마이클 이스터의 삶이 지나치게 극단적이라고 여겨지는가?

자신은 알코올 중독자가 아니니 괜찮다고 생각하는가? 우리 또한 삶아지는 줄도 모르고 죽어가는 개구리가 아니라고 장담할 수 있는가?

인류의 역사와 문화에는 서로 다른 언어와 풍습, 종교와 전통이 존재한다. 그러나 놀랍게도 하나의 서사 구조만큼은 시대와 지역을 초월해 거의 동일하게 반복된다. 그것은 바로 영웅의 여정이다. 어느 나라에서든, 어느 민족에서든, 영웅은 익숙한 집을 떠나 낯선 세계로 들어가 고난을 겪고, 결국 새로운 모습으로 돌아온다. 그리스 신화의 오디세우스(Odysseus)가 10년간의 방랑 끝에 이타카로 귀환한 이야기도, 동양의 건국 신화 속 주인공이 고향을 떠나 새로운 공동체를 세우는 이야기들도 모두 같은 구조를 지닌다. 이 질문은 우리를 근본적인 깨달음으로 이끈다.

"왜 인류는 다양한 문화 속에서 비슷한 영웅담을 반복해왔을까?"

그 이유는 분명하다. 성장은 언제나 컴포트존을 벗어나는 순간에만 일어나기 때문이다. 집이라는 컴포트존은 안전하다. 따뜻하고 익숙하다. 그러나 그 익숙함 속에는 성장이 없다. 따라서 신화 속 영웅들은 언제나 '떠남'으로 이야기를 시작한다.

오디세우스가 트로이 전쟁 이후 고향으로 돌아가는 길에서 거대한 파도와 괴물들을 만났듯, '떠남'은 모험의 시작이며 동시에 불안의 시작이다. 그러나 불안은 성장을 향한 문이 되어주기도 한다.

신화학자이자 종교학자로 20세기 최고의 신화 해설자로 불리는 조지프 캠벨(Joseph Campbell)은 《천의 얼굴을 가진 영웅(The Hero with a Thousand Face)》에서 "영웅은 부름을 거절할 때 몰락하고, 부름을 받아들일 때 변혁한다"라고 설명했다. 떠나지 않는 삶은 정체된 삶이다. 떠남은 두렵지만, 그 안에는 새로운 내가 숨겨져 있다.

지역과 인종, 문화가 달라도 영웅서사의 구조가 동일한 이유는, 인간 발달의 과정이 근본적으로 같기 때문이다. 누구나 삶에서 반복되는 두 단계, 안전함을 지키려는 힘과 성장을 향해 벗어나려는 힘 사이에서 갈등한다. 그러나 안전함 속에 머물고 싶은 마음을 떨치고 불안과 낯섦 속으로 한 발 나아갈 때, 우리는 잠들어 있던 가능성을 깨울 수 있다. 그래서 인류는 수천 년 동안 '떠나고, 시련을 겪고, 변신하고, 돌아오는' 이야기를 반복하며 스스로를 일깨워온 것이다.

자연이 말해주는
성장의 법칙

자연의 리듬은 생명은 머무름이 아니라 이동을 통해 유지된다는 사실을 가장 조용하고도 분명하게 증명한다. 계절은 제자리에 머물지 않는다. 봄은 스스로를 소진하며 여름을 부르고, 여름은 넘치는 에너지로 가을을 밀어낸다. 겨울은 모든 것을 멈춘 듯 보이지만, 그 고요 속에서 다음 순환을 준비한다. 자연은 단 한 순간도 "지금이 가장 편하니 이대로 있자"라고 말하지 않는다. 변화하지 않는 계절은 곧 생명의 종료를 뜻한다.

우리는 종종 꽃이 지는 장면을 실패나 상실로 해석한다. 그러나 자연의 언어로 보면, 꽃은 애초에 머무르기 위해 피는 존재가 아니다. 꽃은 떨어지기 위해 핀다. 그래야 열매가 맺히고, 씨앗이 남고, 다음 생으로 이어질 수 있다. 꽃잎이 떨어지는 순간은 아름다움의 끝이 아니라, 역할의 완수에 가깝다. 자연에는 헛된 변화가 없다. 모든 소멸은 다음 단계로 가기 위한 정확한 타이밍이다.

새의 탄생 또한 마찬가지다. 알은 보호막이자 세계다. 그 안은 따뜻하고 안전하다. 외부의 위험도, 선택의 부담도 없다. 그러나 그 안전함은 오래 지속될 수 없다. 일정 시간이 지나면, 알은 더 이상 보호막이 아닌 한계가 된다. 그 상태로 머무르는 것은 편안함이 아니라 정체이고, 결국은 생존 불가능한 조건이 된다. 그래서 새는 스스로 알을 깨야 한다. 그 순간은 고통스럽고 위험하다. 실패하면 죽음에 이른다.

하지만 그 위험을 통과하지 않으면, 생명은 시작조차 할 수 없다. 헤르만 헤세(Hermann Hesse)는 《데미안(Demian)》에서 이 장면을 인간의 성장에 정확히 겹쳐 놓는다. "새는 알을 깨고 나온다. 알은 세계다. 태어나려는 자는 하나의 세계를 파괴해야 한다." 이 문장은 단순한 성장의 은유가 아니다. 세계란 무엇인가에 대한 질문이다. 우리가 익숙해진 사고방식, 반복해온 선택, 스스로를 규정해온 정체성 모두가 하나의 세계를 이룬다. 그리고 대부분의 사람은 그 세계가 낡았다는 사실을 알면서도, 깨뜨리지 못한 채 살아간다.

인간이 변화 앞에서 느끼는 불안은 본능적이다. 새로운 선택이 두려운 이유는 결과를 알 수 없기 때문이 아니라, 기존의 나를 포기해야 하기 때문이다. 알을 깨는 순간, 다시 돌아갈 수 없다는 사실이 가장 큰 공포다. 그래서 사람들은 변화의 필요성을 이해하면서도, 실제 행동 앞에서는 주저한다. 불안은 위험 신호처럼 느껴지지만, 사실은 변화의 임계점에 도달했다는 표시일지도 모른다.

자연은 이 지점에서 단호하다. 잎을 떨구지 않는 나무는 겨울을 넘지 못한다. 불필요한 것을 내려놓지 못하면, 생존 자체가 위협받는다. 반대로 인간은 내려놓지 않아도 당장 살아갈 수 있다. 그래서 변화는 늘 미뤄진다. 불편하지만 견딜 수 있고, 불만족스럽지만 익숙한 상태에 머문다. 문제는 이 선택이 정지처럼 보이지만, 사실은 하강의 루프라는 점이다.

자연의 변화에는 감정이 없다. 아쉬워하지도, 미련을 두지도 않는다. 타이밍이 오면 움직일 뿐이다. 이 점이 인간과 자연의 가장 큰 차이다. 우리는 의미를 부여하고, 사연을 만들고, 스스로를 설득하느라 결정의 순간을 늦춘다. 하지만 자연의 관점에서 보면, 변화는 용기의 문제가 아니라 순서의 문제다. 지금이 그때인지 아닌지를 묻는 일이다.

꽃이 떨어지는 순간은 상실처럼 보이지만, 바로 그 자리에서 열매가 자란다. 알을 깨는 고통은 파괴가 아니라 출생이다. 불안은 실패의 예고가 아니라, 기존 루프가 더 이상 작동하지 않는다는 신호다. 자연은 언제나 다음 단계를 준비할 때 불안정해진다. 안정은 결과이지, 출발점이 아니다. 변화는 무작정 뛰어드는 일이 아니라, 이미 끝난 계절을 인정하는 일에 가깝다. 더 이상 자라지 않는 곳에 머물지 않는 것. 익숙함이 보호가 아니라 한계가 되었음을 알아차리는 것. 자연은 매번 그 선택을 정확히 해낸다. 인간만이 그 사실을 잊은 채, 오래된 알 안에서 세상을 설명하려 애쓸 뿐이다.

변화는 늘 파괴처럼 시작된다. 그러나 자연의 리듬을 따라가다 보면 알게 된다. 파괴된 것은 삶이 아니라, 이전의 세계였다는 사실을. 그리고 그 세계를 떠난 자리에서, 전혀 다른 가능성이 조용히 자라고 있다는 것도.

•

떠나라, 그리고
새로운 자신이 되어라

영웅의 여정은 신화 속 이야기로만 머물지 않는다. 특별한 사람에게만 허락된 이야기도 아니다. 우리는 매일의 삶 속에서, 아주 작은 규모로 영웅의 여정을 반복한다. 누군가에게는 새로운 직장을 선택하는 결정이 그렇고, 누군가에게는 익숙한 동네를 떠나 낯선 도시로 이사하는 일이 그렇다. 가족이나 지인에게 미뤄두었던 불편한 이야기를 꺼내는 순간 역시 하나의 모험이다. 규모는 작아 보이지만, 이 선택들은 모두 기존의 안전지대를 벗어나는 행동이라는 공통점을 가진다.

나도 비슷한 경험을 한 적이 있다. 삶의 안전지대를 벗어나 앞으로 나아가지 못했을 때는 저 너머에 새로운 두려움이 존재한다는 사실조차 알지 못했다. 스스로가 무엇을 두려워하는지도 잘 몰랐다. 두려움의 실체도 모르고 두려워했다고나 할까. 그렇다면 과연 두려움에 실체가 있을까? 결론부터 말하자면, 두려움의 실체는 없다고 생각한다. 그냥 두렵기로 마음먹었기 때문에 두려운 것이다.

내가 카약을 타면서 가장 많이 만났던 감정 또한 두려움이었다. 일단, 카약은 물에 대한 두려움을 극복해야 시작할 수 있다. 물에 익숙해져도 다음 도전이 또 기다리고 있었다. 한강에서 벗어나 바다로 가니 거대한 자연에 대한 두려움이 몰려왔다. 바다라고 다 같은 바다가 아니었다. 서해에 적응하니 더 거친 동해와 제주 바다가 기다리고 있었다. 저 멀리 떨어진 곳에 무인도가 기다리고 있었다. 대회에 나가서 순위권에 드는 도전 과제도 주어졌다.

카약에 익숙해져도 다음 도전 과제가 끝없이 기다리고 있기 때문에 마음만 먹으면 다음 도전을 바로 이어 나갈 수 있다. 도전하는 사람들도 있지만 자기 한계를 규정하고 일정 수준에 머무르는 사람들도 있다. 인생도 이와 비슷하다. 학위나 자격증을 따면 끝일 것 같지만 그것은 과정일 뿐, 다음 도전은 언제나 있기 마련이다. "나는 여기까지야"라고 규정하는 순간, 인생에서 더 이상의 일은 일어나지 않는다.

카약에 익숙해진다고 물에 대한 두려움이 완전히 사라지는 것은 아니다. 바다에서 거친 파도를 맞닥뜨릴 때마다 두려움이 몰려온다. 이런 상황에서 과연 편안하게 카약을 타는 날이 올까 의심스럽기도 하지만 큰 파도 작은 파도를 반복적으로 경험하다 보면, 어떤 상황에서도 몸이 밸런스를 잡으며 자유자재로 파도를 헤치고 나가고, 웬만한 상황에서는 심장 박동도 거의 평온하게 유지된다.

통제할 수 없고 낯선 것을 만나면, 마음은 일단 두려워한다. 하지만 반복적으로 두려운 상황에 노출되자 나중에는 그 상황을 통제할 수 있다는 것을 깨달았다. 그러면서 두려움의 실체를 알게 되었다. 그렇다면 처음부터 두려워하지 않으면 어떤 일이 생길까?

한강과 서해에서 카약을 타는 것이 익숙해졌을 무렵, 처음으로 부산 바다에서 카약을 타게 되었다. 대한 해협을 흐르는 조류와 바람이 만들어낸 몇 미터 크기의 파도에 압도되었다. 이전에는 경험하지 못한 일이었다. 그 순간 수많은 파도에 대한 두려움을 처리했던 경험이 떠올랐다. 지금의 큰 두려움은 나의 경험치를 올릴 수 있는 절호의 기회라고 생각했다.

그 순간 이전까지 경험하지 못했던 큰 파도들이 더 이상 두렵게 보이지 않았다. 마음이 소리치는 두려움이 아니라, 실체의 파도만 보겠다고 생각했다. 그렇게 마음을 바꾸자, 부산의 파도는 크기는 하지만 일정한 경향성이 있었고, 잔잔하지만 예측하기 어려운 서해의 파도보다 다루기 쉽다는 걸 알게 되었다. 파도는 그저 거기에 존재할 뿐 누구를 두렵게 할 의도를 가진 건 아니었다. 무엇을 어떻게 할 것인지는 온전히 나에게 달려 있었다.

바다에서 두려움을 처리하는 방법을 배운 후, 삶에서 일어나는 모든 종류의 두려움도 같은 패턴으로 대하고 있다. 무슨 일이 생겼을 때, 직원들은 큰 사건이 일어난 것처럼 보고하지만 사건 자체가 두려운 것은 아니다. 그 사건을 대하는 내가 두렵기로 마음먹을 뿐이다. 두려워서 얻는 이득이 없다면 그 어떤 것도 두려워하지 않아도 된다.

우리가 컴포트존을 벗어나 낯선 곳으로 나아가는 도전을 반복한다는 것은 그에 대한 대응 방법을 알아내는 과정이다. 그것이 숨 쉬는 것만큼 익숙해졌을 때 루프가 만들어진다. 루프가 만들어졌다는 건 이미 수많은 두려움을 처리했다는 뜻이다. 루프를 탑재한 사람은 두려움을 통제하지 못하는 사람과는 차원이 다른 행동을 한다.

집중과 몰입의 루프를 강화하라

●

산만함의 시대, 집중과 몰입을 되찾는 법

현대 사회에서 집중력은 더 이상 개인의 성실함을 가늠하는 잣대가 아닌 듯하다. 언제부터인가 그것은 이 시대가 허락하지 않는 능력이 되었다. 우리는 눈을 뜨는 순간부터 주의를 빼앗기는 환경 속으로 던져진다. 알림은 생각보다 먼저 반응을 요구하고, 화면은 판단보다 빠른 손가락을 훈련시킨다. 의식이 한곳에 머물기도 전에, 다음 자극이 도착한다.

스마트폰 알림은 5분 단위로 우리의 주의를 잘게 쪼갠다. 메신저 창은 응답을 미루는 사람을 무책임한 사람처럼 느끼게 만들고, 뉴스피드와 쇼츠 영상은 끝이 있다는 착각마저 지워버린다. 우리는 하루에도 수백 번씩 주의를 이동시키며 살아간다. 그 결과, 뇌는 깊이 들어가는 법을 잊는다. 마치 산산조각 난 거울처럼, 집중력은 한곳에 머물지 못하고 사방으로 흩어진다. 그래서 오늘날 집중은 의지가 아니라 희귀 자원에 가깝다.

그런데 역설은 여기서 드러난다. 인생에서 가장 충만하다고 느꼈던 순간은 언제인가? 내 경우, 대부분 집중했던 순간의 기억으로 남아 있다. 글을 쓰다 시간 감각이 사라졌던 순간, 달리기 중 어느 지점에서 더 이상 잡념이 따라오지 않았던 그때, 오른손 왼손 노를 젓는 일만 반복했을 뿐인데 어느새 강을 건너 해가 떠오르는 그 순간을 바라보던 날. 이런 일들에는 공통점이 있다. 생각이 줄어들고, 감각이 또렷해지며, '해야 한다'는 압박 대신 '하고 있다'는 감각만 남는다는 사실이다.

몰입의 거장 미하이 칙센트미하이(Mihaly Csikszentmihalyi)가 말한 '플로우(Flow)'는 특별한 성공의 부산물이 아니다. 오히려 그 반대에 가깝다. 플로우는 삶이 가장 자기답게 작동하는 상태다. 자아의 소음이 잦아들고, 행동과 의식이 하나로 맞물리는 순간. 그래서 사람들은 그 경험을 오래 기억한다. 성과보다 감각이 먼저 남기 때문이다. 아이러니하게도, 가장 깊이 몰입했던 순간에는 '잘해야지'라는 생각조차 없다. 오직 흐름만 존재한다.

이 지점에서 집중의 의미는 완전히 달라진다. 집중은 일을 효율적으로 처리하기 위한 기술이 아니다. 집중은 존재감의 증거다. 내가 지금 어디에 있는지, 무엇을 하고 있는지, 어떤 감각 속에 있는지를 분명하게 알려준다. 반대로 산만함 속에서는 하루가 지나가도 기억이 남지 않는다. 알림을 처리하느라 보낸 시간은 많지만, '살았다'라는 감각은 희미하다. 주의가 계속 외부로 끌려다닐수록 삶의 중심은 점점 비워진다.

그렇다면 왜 우리는 이렇게 중요한 능력을 쉽게 잃어버릴까? 이유는 간단하다. 집중은 자연 상태가 아니기 때문이다. 현대의 환경은 깊이를 전제로 설계되지 않았다. 빠른 반응, 잦은 전환, 즉각적인 보상이 기본값이다. 이런 구조 속에서 몰입이 저절로 찾아오기를 기대하는 것은, 소음 가득한 거리에서 명상을 하겠다는 말과 비슷하다. 환경이 바뀌지 않으면, 상태도 바뀌지 않는다.

많은 사람들이 몰입을 영감의 영역으로 오해한다. 기분이 좋아야 하고, 여유가 있어야 하며, 마음이 잡혀야 가능하다고 믿는다. 하지만 실제로는 그 반대다. 기다리는 동안 찾아오는 것은 영감이 아니라 또 다른 자극이다. "오늘은 집중이 안 돼"라는 말은, 대부분 "집중을 방해하는 구조 안에 그대로 있다"라는 고백에 가깝다.

여기서 중요한 전환이 필요하다. 몰입은 재능이 아니라 훈련된 루프 속에 머무는 일이다. 반복 가능한 조건이 있고, 유지되는 패턴이 있다. 한 번이라도 플로우 상태를 경험해봤다면, 그 사람은 이미 몰입의 가능성을 증명한 셈이다. 문제는 그 경험이 우연처럼 흩어져 있다는 점이다. 이 장은 그 우연을 의도적인 반복으로 바꾸는 이야기다.

산만함이 지배하는 시대에 집중은 저항에 가깝다. 그러나 이 저항은 거창할 필요가 없다. 작은 설계, 미세한 조정, 그리고 반복. 집중과 몰입은 어느 날 갑자기 강화되지 않는다. 대신 특정한 루프 위에 올라섰을 때, 서서히 힘을 얻는다. 집중을 회복한다는 것은, 시간을 더 잘 쓰겠다는 선언이 아니다. 내 주의를 다시 내가 선택하겠다는 선언이다. 그리고 그 선택이 반복될 때, 삶의 밀도는 전혀 다른 차원으로 이동한다.

올림픽 금메달리스트들은
어떻게 훈련할까?

스포츠는 인간이 도달할 수 있는 집중과 몰입이 최고로 응축된 공간이다. 그중에서도 올림픽은 선수라면 누구나 한 번쯤 서보고 싶어 하는 궁극의 무대일 것이다. 전 세계에서 가장 뛰어난 선수들이, 가장 긴 시간 준비해온 기량을 단 한 번의 경기로 증명해야 하는 자리. 그 극도의 압박 속에서 우리나라 양궁 선수들은 유독 흔들리지 않는다. 올림픽이 열릴 때마다 금메달을 거의 예외 없이 가져오는 이 장면은, 이제 우연으로 설명하기 어려운 수준에 이르렀다. 도대체 무엇이 이 차이를 만드는 것일까?

양궁은 혼자서 과녁과 마주해야 하는 스포츠다. 상대를 직접 상대하지 않지만, 그만큼 외부 자극과 내부 잡음이 고스란히 선수에게 몰려온다. 과녁까지의 거리는 70미터, 10점 과녁의 지름은 고작 12.2센티미터. 바람의 미세한 방향 변화, 심장박동의 리듬, 손끝에 스치는 긴장감 하나가 점수를 가른다. 이 종목에서 집중은 선택이 아니라 생존 조건이다. 그런데도 한국 양궁 선수들은 올림픽이라는 비일상적 공간에서도 일상처럼 활을 쏜다. 그 이유는 재능이나 정신력 같은 추상적인 단어에 있지 않다. 집중과 몰입을 불러오는 루프를 이미 몸에 각인시켜두었기 때문이다.

선수들은 활을 들어 올리는 순간부터 이미 루프 안으로 들어간다. 발의 위치, 활을 드는 각도, 호흡의 길이, 시선이 머무는 지점까지 모두 정해진 순서로 반복된다. 이 루틴은 단순한 습관이 아니다. 몸이 루틴을 인식하는 순간, 뇌는 불필요한 정보와 외부 소음을 자동으로 차단한다. 긴장과 압박은 의식의 전면에서 밀려나고, 행동에 필요한 감각만 남는다. 몰입 루프는 이렇게 작동한다.

이 과정은 결코 하루아침에 만들어지지 않는다. 카메라가 따라붙고, 관중의 함성이 울리고, 한 발의 결과가 메달 색을 바꾸는 상황에서도 동일한 루프를 유지하려면, 그보다 훨씬 더 평범한 날들에서 수천 번 같은 흐름을 반복해야 한다. 한국 양궁 선수들이 훈련에서 집요할 정도로 루틴을 고수하는 이유도 여기에 있다. 여기에 시각화 훈련, 긍정적 자기 대화, 심리 안정기법을 덧붙여 몰입의 강도를 더욱 높인다. 결과적으로 루틴은 기술을 넘어 심리 상태까지 함께 호출하는 스위치가 된다.

이 원리는 양궁에만 국한되지 않는다. 사격, 체조, 수영처럼 0.01초, 0.1점 차이로 결과가 갈리는 종목의 금메달리스트들 역시 공통된 태도를 보인다. 그들은 결과를 붙잡지 않는다. 메달을 상상하지 않고, 기록을 계산하지 않는다. 대신 한 발, 한 동작, 한 호흡에 집중한다. 자신이 통제할 수 있는 과정만을 반복한다. 결과는 통제의 대상이 아니라, 과정이 충분히 누적된 뒤에 따라오는 현상이라는 사실을 알고 있기 때문이다. 스포츠 심리학에서는 이런 상태를 멘탈 터프니스(Mental toughness)라고 부른다. 이는 단순히 강한 정신력을 뜻하지 않는다. 목표 설정, 이미지 트레이닝, 자기 대화, 감정 조절, 불안 관리까지 포함하는 복합적인 능력이다. 그리고 이 모든 능력의 중심에는 반복 루프가 있다. 의미 없는 연습이 아니라, 집중과 피드백이 결합된 의도적 연습만이 뇌의 회로를 바꾼다.

그렇기에 금메달리스트들의 집중은 특별한 재능의 산물이 아니다. 그것은 철저히 설계된 루프의 결과다. 몰입은 기다린다고 찾아오지 않는다. 컨디션이 좋을 때만 나타나는 행운도 아니다. 매일 같은 시간, 같은 순서, 같은 방식으로 반복될 때, 뇌와 몸이 자동으로 불러오는 상태다. 한국 양궁 선수들이 압박의 공간에서도 흔들리지 않는 이유가 여기에 있다. 이미 수천 번 살아본 루프를, 그날도 그대로 실행했을 뿐이다.

　이 사실은 우리에게 중요한 메시지를 남긴다. 몰입은 천재에게만 허락된 능력이 아니라는 사실이다. 작은 루틴을 정하고, 반복하고, 의도적으로 설계하면 누구나 접근할 수 있는 상태인 것이다. 집중의 루프를 만든다는 것은, 내가 원하는 삶의 상태를 우연이 아니라 구조로 관리하겠다는 선언이다. 그 루프가 쌓이면 어느 순간, 우리 역시 자신의 무대에서 흔들림 없는 몰입을 경험하게 된다. 결과는 그다음 과정에서 일어나는 일일 뿐이다.

　나는 두 시간 동안 카약을 타면서 그 순간에 완벽히 몰입한다. 패들링 이외에는 아무것도 생각하지 않는다. 그 경험은 내 삶을 내가 온전히 통제하면서 한 가지 행위에 지속적으로 머물 수 있다는 감각을 만든다. 이 믿음은 다른 일을 하는 데도 똑같이 적용된다. 진료, 유튜브, 책 쓰기, 아들의 수학 지도, 계단 오르기 등 어떤 하나의 행위를 할 때는 그것만 남기고 나머지는 그 어떤 것도 끼어들지 못하게 한다. 매일 마주하는 모든 행위에 몰입하고 반복해보자. 모든 일에서 최고의 성과가 따라올 것이다.

많이 일하기보다
깊게 일하라

현대 사회는 '많이 성취하는 사람'을 높이 평가하는 경향이 있다. 이메일을 빠르게 처리하고, 회의 일정을 빼곡히 채우고, 몇 가지 일을 동시에 돌리는 사람을 유능하다고 여긴다. 하지만 컴퓨터 과학자이자 베스트셀러 작가인 칼 뉴포트(Cal Newport)는 정반대의 주장을 내놓는다. 그는 현대인이 진짜로 지켜야 할 자산은 '짧고 산만하게 일하는 능력'이 아니라, '깊이 몰입하는 능력'이라고 강조한다.

뉴포트가 구분한 개념 중 중요한 것이 바로 얕은 일(Shallow Work)과 깊은 일(Deep Work)이다. '얕은 일'은 즉각적인 성과는 보이지만, 장기적으로는 큰 가치를 만들지 못한다. 예컨대 이메일 확인, 단순 보고서 작성, 메신저 응답 같은 일들이 여기에 속한다.

반면 '깊은 일'은 방해받지 않는 상태에서 오랜 시간 몰입해 사고의 깊이를 더하는 활동이다. 연구, 글쓰기, 창작, 중요한 문제 해결이 대표적이다. 뉴포트는 얕은 일에 갇히면 눈에 보이는 바쁨은 늘어나지만, 삶과 커리어를 바꾸는 성과는 나오지 않는다고 지적한다.

뉴포트는 스스로 '시간을 박제하는 몰입 루프'를 만들었다. 연구와 글쓰기를 할 때 그는 페이스북이나 X 같은 계정조차 만들지 않았다. 이유는 단순하다. 뇌는 한 번 산만해지면 다시 집중 상태로 돌아오는 데 긴 시간이 걸리기 때문이다. 그래서 그는 특정 시간을 철저히 차단하고, 외부 자극이 없는 공간에서 두세 시간씩 깊이 잠수하듯 몰입했다. 그렇게 만들어진 성과가 바로 수많은 논문과《딥 워크(Deep work)》같은 책이다.

이 방식은 우연이나 영감에 의존하지 않는다. '오늘 기분이 좋으면 몰입해야지'가 아니라, '오늘 오전 9시부터 12시까지는 무조건 몰입한다'라는 식으로 시간을 강제로 고정했다.

뉴포트가 던진 메시지의 핵심은 단순하다. 몰입은 몇 번의 반짝이는 경험이 아니라, 반복을 통해 스스로 설계하는 루프라는 것이다. 한 번의 깊은 집중이 아니라, 매일 일정 시간 똑같은 방식으로 몰입을 반복하면 뇌는 그 상태를 점점 '기본 모드'로 학습한다.

이 과정에서 사람의 자기 인식도 달라진다. 단순히 '나는 오늘 조금 집중했다'가 아니라, '나는 몰입하는 사람이다'라는 정체성이 형성된다. 이 정체성은 곧 습관이 되고, 습관은 성과를 낳는다. 매일 두 시간의 몰입이 모여 책 한 권이 되고, 연구 성과가 되고, 장기적으로는 커리어의 방향을 완전히 바꾸어 놓는다.

바쁘게 많은 일을 한다고 해서 성공하는 것이 아니다. 오히려 적게 일하더라도 몰두하는 루프를 만드는 것이 중요하다. 깊은 일은 단순한 생산성의 문제가 아니라, 삶의 의미와 자산을 쌓아가는 방식이다. 그러니 오늘 하루를 돌아볼 때, "내가 얼마나 많은 일을 처리했는가?"가 아니라 "내가 얼마나 깊이 몰입했는가?"를 물어보자. 집중은 잘게 쪼개진 시간을 이어 붙이는 것으로는 만들어지지 않는다. 뇌가 깊이 몰입하기 위해서는 일정한 '예열 시간'이 필요하다. 스탠퍼드 대학교의 연구에 따르면, 새로운 과제에 몰입하기까지 평균 20~30분가량의 전환 비용(cognitive switching cost)이 발생한다고 한다. 5분마다 알림을 확인하거나, 중간에 다른 일을 섞는 순간 뇌는 다시 처음부터 몰입을 위한 에너지가 필요하다. 온전히 집중하려면 '통으로 확보된 시간'이 필요하다.

몰입을 방해하는 요소들은 많지만 가장 위험한 것은 멀티태스킹이다. 뇌는 한 번에 두 가지 일을 처리하지 못한다. 하나의 일에서 또 하나의 일로 초점이 이동할 때 많은 에너지가 드는데, 습관적으로 이렇게 일하면 기억력 저하, 생산성 감소로 이어진다. 동시에 여러 일을 한다는 환상 속에서, 더 많은 시간을 잃고 있는 셈이다.

신경과학적으로 몰입은 전전두엽이 특정 과제에 집중할 때 발생한다. 그런데 이 회로는 방해 자극에 극도로 취약하다. 알림, 메시지, 뉴스 속보 같은 작은 자극도 전전두엽의 흐름을 끊어버린다. 더 큰 문제는 뇌의 보상 회로다. 짧고 즉각적인 자극은 도파민을 분출시키고, 이것은 뇌에 "이게 더 중요하다"라는 신호로 작동한다. 결과적으로 깊은 몰입을 주는 장기 보상 대신, 즉각적 쾌락을 좇는 루프에 갇히고 마는 것이다.

이런 뇌의 특성이 가장 잘 드러나는 것이 바로 유튜브 쇼츠, 틱톡, 인스타그램 릴스 같은 초단기 영상이다. 이 콘텐츠는 15초~1분 사이에 강렬한 자극과 보상을 준다. 뇌는 이 짧은 자극에도 도파민을 분비하고, 다시 비슷한 자극을 원하게 된다. 그래서 "하나만 보자"라고 시작했지만, 정신 차리면 서너 시간을 훌쩍 소비하는 일이 잦다. 문제는 이렇게 짧은 주기의 자극에 길들여지면 긴 글을 읽거나, 긴 작업에 몰입하는 능력이 점점 사라진다는 것이다. 실제로 여러 심리학 연구들은 숏폼 영상의 과도한 소비가 집중력 저하, 인내력 약화, 심지어 학습 능력의 퇴보와도 연관이 있다고 경고한다.

몰입은 의도적으로 시간을 설계해야만 경험할 수 있다. 통으로 확보된 시간, 멀티태스킹을 거부하는 태도, 방해 자극을 차단하는 환경. 여기에 더해 쇼츠와 같은 즉각 보상의 함정을 경계하고 긴 시간 한 가지 일에 몰두할 때 깊은 몰입의 루프를 회복할 수 있다.

나도 일할 때는 휴대폰 감옥을 사용한다. 수많은 연락, 알림 등 휴대폰에 의한 방해를 피할 수 없기에 휴대폰을 사용할 수 없는 구조를 만든 것이다. 이렇게 의도적으로 몰입의 루프를 만들면 한결 더 깊게 집중할 수 있다. 생산성이 올라가고 자신감이 높아지며 관계와 일에서 놀라운 변화가 생긴다. 몰입은 우리가 시간을 들여서 반드시 회복해야 하는 능력이다.

지속 가능한
보상 루프를
설계하라

●

보상에도
품격이 필요하다

《에브리데이 히어로(The Everyday Hero Manifesto : Activate Your
Positivity, Maximize Your Productivity, Serve the World)》의 저자이자
세계 5대 리더십 구루 중 한 명으로 선정된 로빈 샤르마(Robin
S. Sharma)는 젊은 시절 캐나다에서 변호사로 활동했다. 그는
촉망받는 법조인으로서 안정적인 수입과 사회적 지위, 누구나
부러워할 만한 외형적 조건을 갖추고 있었다. 그러나 화려해

보이는 삶의 이면에는 공허감이 자리하고 있었다. 그는 늘 바쁘게 일했고, 보상이라고 해봐야 비싼 술과 음식, 쇼핑으로 자신을 달래는 것이 전부였다. 겉으로는 번듯했지만, 내면은 점점 비어갔다. 성공했지만 행복하지 않았던 것이다.

결국 그는 법조인의 길을 내려놓고 자신이 진정으로 하고 싶은 일을 찾기 시작했다. 그 과정에서 글쓰기를 통해 자기 성찰을 기록했고, 이 작은 시도가 인생의 전환점이 되었다. 자비출판으로 세상에 나온 책이 사람들의 마음을 움직이면서, 그는 세계적인 베스트셀러 작가이자 리더십 전문가, 억만장자들의 멘토로 자리매김했다.

그의 전환은 단순히 직업의 변화가 아니었다. 그는 보상의 방식을 근본적으로 다시 설계했다. 더 이상 순간의 쾌락이나 충동적인 소비에 자신을 의지하지 않았다. 대신 매일 새벽 5시에 일어나 명상, 독서, 운동으로 하루를 여는 루프를 만들었다. 이 루프는 단순한 습관이 아니라 자신에게 주는 '품격 있는 보상'이었다. 고요한 아침에 자신을 단단히 세우는 그 작은 보상은 하루를 통째로 바꾸는 힘이 되었다.

샤르마는 단지 자기 자신만 변화시킨 것이 아니었다. 그는 세계적인 팝스타 테일러 스위프트(Taylor Swift)를 비롯해 유명

연예인, 글로벌 CEO, 프로 스포츠 선수들의 멘토로 활동하며, "보상은 거창할 필요가 없다. 지속 가능한 루틴이 보상이다"라는 철학을 심어주었다. 무대 위에서 화려한 조명을 받는 배우나 가수들도 무너지는 순간에는 값비싼 소비나 과도한 자극으로 자신을 달래려 한다. 샤르마는 그들에게 진짜 보상은 자기 자신을 소모시키는 것이 아니라 회복시키고 성장시키는 선택이라는 점을 일깨웠다. 이런 점에서 그의 새벽 루틴, '승리의 아침(Victory Hour)'이 단순한 자기 계발 기법이 아니라 삶의 철학으로 자리 잡은 것도 놀라운 일은 아니다.

그의 메시지는 단순하지만 강력하다. 보상은 순간의 위안으로 끝나는 게 아니라, 스스로를 지탱하고 성장시키는 내적 자산이어야 한다. 무심히 던져넣는 간식이나 충동적인 쇼핑이 아니라, 하루의 시작을 다잡는 작은 습관, 자신을 차분히 정돈하는 시간, 혹은 몸과 마음을 치유하는 의식이야말로 오래 지속되는 루프를 만든다.

샤르마가 보여준 변화는 바로 그것이었다. 즉흥적 쾌락이 아니라 의도적 성장을 보상으로 삼았을 때, 삶은 전혀 다른 궤도로 나아간다는 사실. 그는 법정에서 번 돈보다도 훨씬 값진 보상, 곧 자기 삶의 주인으로 살아가는 보상을 얻었다.

즉각적 보상 없이도
동기가 지속되려면

신경과학적으로 보상을 바랄 때 뇌에서 활성화되는 것은 도파민 보상 회로다. 도파민은 보상을 실제로 얻을 때보다 '보상을 기대할 때' 더 강하게 분비되는 특징을 갖는다. 그러나 이 도파민의 효과는 순간적이며 금세 사라진다. 그렇기에 야식, 충동구매, SNS 알림 확인 같은 행동이 짧은 쾌락은 주지만, 그 직후 공허함과 피로가 몰려오며 장기적인 만족으로 이어지지 못하는 것이다. 이는 뇌가 본능적으로 즉각적 보상에 '중독성' 있게 반응한다는 사실을 보여준다.

반대로 오래 지속되는 만족을 만들어내는 것은 세로토닌과 옥시토신 같은 신경전달물질이다. 세로토닌은 규칙적인 생활과 성취 경험, 사회적 인정과 같은 안정된 상황에서 분비된다. 세로토닌이 풍부할수록 기분은 차분해지고, 자기 통제력이 강화되며, 삶에 대한 안정감을 느낄 수 있다.

옥시토신은 주로 사회적 관계와 신뢰에서 분비된다. 가족이나 친구, 연인과의 따뜻한 접촉, 협력과 배려 같은 경험이 옥시토신을 촉진한다. 옥시토신은 장기적인 유대와 행복감을 강화하며, 인간이 타인과의 연결 속에서 의미를 발견하도록 돕는다. 결국 장기적인 보상 루프는 단순히 짧은 흥분이 아니라 안정과 연결을 기반으로 작동한다. 이 차이가 즉흥적 보상과 품격 있는 보상을 가르는 핵심이다.

최근 뇌과학과 행동경제학에서 주목받는 전략이 도파민 앵커링(Dopamine Anchoring)이다. 도파민 앵커링은 어려운 행동, 즉 운동, 공부, 글쓰기처럼 당장은 힘든 행위를 긍정적인 자극과 의도적으로 연결해, 뇌가 해당 행동을 '보상이 수반되는 경험'으로 학습하도록 만드는 전략이다. 예를 들어, 운동하기 전에 좋아하는 음악을 듣거나, 글을 쓰기 전에 향기 좋은 차를 마시는 것이 여기에 속한다.

이 과정은 뇌의 보상 회로, 특히 측좌핵에서 일어난다. 측좌핵은 쾌감과 동기를 관장하는 핵심 영역으로, 즐거운 자극과 특정 행동이 반복적으로 연결되면 그 행동 자체가 기대감을 불러일으키는 '앵커'로 학습된다. 이렇게 하면 도파민은 단순한 즉각적 소비에 머무르지 않고, 새로운 습관 형성의 촉진제로 작동한다.

행동경제학은 이러한 전략을 '자기통제 기제'와 연결해 설명한다. 사람들은 보통 '운동=피곤하다'라는 부정적 프레임을 떠올린다. 그러나 도파민 앵커링을 활용하면, 이 프레임이 '운동= 좋은 음악 + 성취감'으로 전환된다. 뇌가 불편한 행동을 피해야할 일이 아니라 '기대할 만한 경험'으로 재해석하는 것이다.

이처럼 도파민 앵커링은 즉각 보상과 장기 보상을 연결해주는 교량 역할을 한다. 즉각 보상은 도파민의 폭발로 짧은 쾌락을 주지만, 곧 사라지고 후회와 공허를 남긴다. 반대로, 의도적으로 설계한 보상 루프는 세로토닌과 옥시토신의 도움을 받아 차분한 안정과 지속적인 행복을 만들어낸다. 도파민 앵커링은 이 두 세계를 연결하며, 습관을 강화하고 충동을 관리하는 효과적인 방법으로 자리 잡고 있다. 도파민의 순간적 쾌락에 머물 것인가? 아니면 품격 있는 보상을 통해 장기적인 만족과 성장을 선택할 것인가? 어떤 선택을 하느냐에 따라 뇌를, 행동을, 나아가 삶의 방향까지 바꾸게 될 것이다.

장거리 수영 선수 다이애나 나이애드(Diana Nyad)는 60대의 나이에 쿠바에서 플로리다까지 177킬로미터를 53시간 동안 헤엄쳐 세계를 놀라게 했다. 극한의 고통 속에서 그녀가 붙잡은 루프는 음악이었다. 자신이 만든 1,000곡의 플레이리스트를 마음속에서 흥얼거리며 팔 젓기와 호흡을 맞추었다. 목표에 도달하겠다는 생각만으로는 불가능했을 것이다. 노래에 따라 리드미컬하게 수영을 해나가는 과정 자체가 그녀를 앞으로 나아가게 한 힘이 아니었을까. 당장 팔을 젓지 않으면 바다에 빠지고 말 테니 멀리 있는 목표보다 오른팔 왼팔 힘차게 젓는 일에 집중해야 했을 것이다.

우리는 흔히 목표 달성을 인생의 가장 큰 보상이라고 생각한다. 대학 합격, 승진, 마라톤 완주 같은 목표를 향해 달려가면서 그 순간만 오면 행복할 것이라 믿는다. 그러나 실제로는 목표가 주는 만족감은 놀라울 만큼 짧게 끝난다. 목표 달성의 순간에는 도파민이 급격히 분비되지만, 이내 곧 떨어지면서 허무감이 찾아온다. 일종의 '헤도닉 트레드밀(hedonic treadmill)' 현상이 오는 것이다.

헤도닉 트레드밀은 사람들이 긍정적이든 부정적이든 큰 사건을 경험한 후에도 결국 '기본 행복 수준(hedonic set point)'으로 돌아간다는 이론이다. 러닝머신(트레드밀) 위에서 계속 달려도 제자리인 것처럼 더 많은 돈, 성취, 성공을 얻어도 행복감은 일시적으로 상승할 뿐, 시간이 지나면 다시 원래 수준으로 돌아간다는 뜻이다.

이 개념은 1970년대, 심리학자 필립 브릭맨(Philip Brickman)

과 도날드 캠벨(Donald T. Campbell)의 연구에서 시작되었다. 그들은 복권에 당첨된 사람들과 심각한 사고로 장애를 입은 사람들을 비교했는데, 놀랍게도 시간이 지나면서 두 집단 모두 행복감이 이전 수준으로 회귀한다는 것을 밝혀냈다. 즉, 외부 사건은 행복이나 불행에 큰 영향을 주는 것처럼 보이지만, 장기적으로는 개인의 내적 기준점이 더 큰 영향을 미친다는 것이다.

목표를 이루는 것은 분명 큰 기쁨이다. 그러나 과정에 충실하면 더 큰 기쁨을 얻을 수 있다. 목표 달성이 순간적 쾌감이라면, 과정은 지속 가능한 행복의 회로를 만든다. 올림픽 금메달리스트가 무대 위에서 눈물을 흘리는 이유는 단순히 메달을 딴 기쁨만이 아니라, 수년간의 혹독한 훈련 과정이 떠오르기 때문일 것이다. 그들이 회상하는 가장 큰 보상은 영광스러운 포디움이 아니라, 땀 흘린 매일의 반복과 동료와의 유대다.

그렇다면 과정은 어떻게 보상이 될 수 있는 것일까? 그 이유는 의외로 간단하다. 목표는 외부의 사건이지만, 과정은 우리의 삶 그 자체이기 때문이다. 목표는 끝나지만, 과정은 삶의 루프를 만든다. 그래서 삶을 바꾸는 힘은 목표 달성의 순간이 아니라, 목표를 향해 걷는 매일의 걸음에서 나온다. 목표는 우리를 출발선에 세우는 자극에 불과하다. 그러나 과정을 즐기고, 그 안에서 보상을 찾을 때 우리는 지속 가능한 성장과 만족을 누릴 수 있다. 결국 진짜 보상은 결과가 아니라, 결과를 만들어가는 과정에 깃들어 있다.

●

지속 가능한
보상 루프 설계하기

잘 설계된 보상은 습관을 강화하고, 삶을 단단하게 만든다. 그렇다면 지속 가능한 보상 루프를 어떻게 설계하면 좋을까? 첫째, 즉각적 보상 대신 축적되는 보상을 우선하는 것이다. 루프를 만드는 힘은 '눈에 보이는 축적'에서 나온다. 작은 루틴을 마칠 때마다 흔적을 남기자. 달리기를 마친 뒤 달력에 체크 표시를 하거나, 글쓰기를 끝내고 앱에 기록을 남기면 뇌는 "나는 성취했다"라는 신호를 받는다. 작고 단순한 증거가 쌓일수록 루프는 더 강력해진다. 보상의 무게가 '순간의 쾌락'에서 '축적된 자부심'으로 옮겨가는 것이다.

둘째, 감각적 보상을 활용하는 것이다. 지속 가능한 보상은 거창할 필요가 없다. 오히려 일상의 감각적 즐거움이 더 오래 간다. 운동 뒤 따뜻한 샤워, 글쓰기를 끝낸 후 좋아하는 음악 한 곡을 듣는 행위, 긴 업무를 마친 뒤 향긋한 차를 마시는 것. 이런 감각적 보상은 루틴과 짝을 이룰 때 힘을 발휘한다. 뇌는 그 루틴 자체를 '즐거움으로 가는 길'로 인식하게 되고, 다시 반복할 동기를 만든다.

셋째, 사회적 보상 루프 만드는 것이다. 성취를 혼자만 간직하면 금세 사라지지만, 타인과 공유하면 보상은 두 배로 확장된다. 동료와 피드백을 나누거나, 가족에게 작은 성취를 전하고, 커뮤니티에 과정을 공유하는 일은 단순한 자랑이 아니다. 타인의 응원, "잘했어"라는 한마디가 뇌에 강력한 보상 신호로 작동한다. 사회적 보상은 혼자서는 유지하기 힘든 루프를 오래 지속하게 만든다.

넷째, 장기적 보상을 시각화하는 것이다. 단기적 성취에만 머물면 동력이 약해진다. 장기적인 보상을 눈에 보이게 만드는 작업이 필요하다. 비전 보드에 목표를 붙이거나, 누적 기록을 한눈에 볼 수 있도록 정리해둔다.

즉각 보상이 혀를 달콤하게 하는 초콜릿과 같다면, 지속적 보상 루프는 몸을 건강하게 만드는 좋은 음식과 같다. 초콜릿은 입안에서 녹아내리는 짧은 쾌락으로 끝나지만, 건강한 음식은 오랜 시간 동안 우리 몸을 보호하고 지탱한다. 삶의 보상도 마찬가지다. 충동적인 보상은 한순간의 도피일 뿐이지만, 의도적으로 설계된 보상은 일상을 단단하게 받쳐주는 기반이 된다. 단순한 위안 대신 회복과 성장을 돕는 루프를 선택할 때, 우리는 원하는 삶을 살아갈 것이다.

몸의 루프를
회복하는
법

●

몸은 회복을
학습한다

아리아나 허핑턴(Arianna Huffington)은 〈허핑턴 포스트〉를 세계적인 미디어 제국으로 키워낸 강인한 인물이다. 그러나 그녀의 인생을 바꾼 계기는 화려한 성공이 아니었다. 2007년, 하루 18시간 넘는 과로를 이어가던 그녀는 어느 날 사무실에서 갑자기 쓰러지고 말았다. 책상 모서리에 부딪친 얼굴에서는 피가 흘렀다. 한참 후 겨우 정신을 차린 그녀는 머리를 망치로 한 대 얻어맞은 것 같았다.

"내 몸이 한계에 도달했다. 더 이상 이렇게는 살 수 없다."

이 사건은 단순한 사고가 아니라, 몸이 보낸 최후의 경고였다. 허핑턴은 그날 이후 자신이 성공이라 믿어온 방식을 철저히 되돌아봤다. 무한한 일과 성취만을 좇는 루프는 결국 자신을 파괴한다는 사실을 몸으로 배운 것이다. 그래서 그녀는 이후 삶의 방향을 바꿨다. 수면과 휴식을 새로운 성공의 조건으로 정의했고, 저서《제3의 성공(Thrive)》과《수면 혁명(The Sleep Revolution: Transforming Your Life, One Night at a Time)》을 통해 몸과 마음, 정신과 영혼에 대한 새로운 메시지를 던졌다. 허핑턴의 이야기는 우리에게 이렇게 묻는다.

"나는 지금 어떤 몸의 루프 속에서 살고 있는가?"

몸의 신호를 무시한 채 성과만 좇고 있지는 않은가? 아니면 회복과 에너지를 키우고 있는가? 정신이 몸을 지배한다면 그 반대도 성립할 것이다. 몸은 마음의 무대이고, 삶의 엔진이며, 우리가 정성껏 설계해야 하는 최고의 자산이기 때문이다.

혹시 몸을 자동차처럼 '쓰다 보면 점점 고장 나는 기계'로 여기고 있진 않은가? 하지만 최신 신경과학과 생리학은 몸이 단순히 소모되는 존재가 아니라, 회복 또한 학습하는 존재임을 보여준다. 기계는 한 번 고장이 나면 부품을 교체해야 하지만, 인간의 몸은 오히려 회복을 반복할수록 더 잘 회복하는 회로를 만든다. 다시 말해 몸은 소모를 기록하는 만큼, 회복도 기억하는 것이다.

예를 들어보자. 직장인 A는 하루 종일 모니터 앞에서 긴장한 채 보고서를 작성한다. 어깨는 뻣뻣하고 손목은 얼어붙은 듯 아프다. 그런데 점심시간에 잠깐이라도 산책을 하고, 심호흡을 두세 번 의식적으로 반복하면 신체는 그 순간을 '회복의 경험'으로 기억한다. 이 작은 루틴이 쌓이면, 몸은 '긴장 → 회복'이라는 회로를 자동으로 탑재한다. 반대로 하루 종일 긴장만 반복한다면 '긴장 → 더 큰 긴장'이라는 악순환이 몸에 각인된다.

이 과정을 수치로 보여주는 대표적인 지표가 '심박 변이도(Heart Rate Variability, HRV)'이다. HRV는 심장 박동이 단조롭게 쿵-쿵 뛰는 것이 아니라, 상황에 따라 미세하게 간격을 조절하는 능력을 말한다. 쉽게 말해, 마치 차가 도로 상황에 따라 속도를 유연하게 조절하는 것과 같다. 고속도로에서는 빠르게, 신호등 앞에서는 멈추는 유연성이 높은 자동차가 안전한 것처럼, HRV가 높은 사람일수록 몸이 긴장과 이완을 잘 오가며 스트레스에 강하다. 중요한 점은 HRV가 타고나는 게 아니라는 것이다. 호흡 훈련, 규칙적 운동, 충분한 수면 같은 습관이 HRV를 높인다는 연구 결과가 다수 존재한다. 즉, 몸도 반복을 통해 회복을 '학습'하는 것이다.

몸의 회복 학습을 더 실감 나게 보여주는 개념이 '울트라디안 리듬(ultradian rhythm)'이다. 인간은 보통 90분 정도 집중하면 뇌와 몸이 자연스럽게 피로 신호를 보낸다. 이때 10분 정도 휴식을 취하면, 몸은 다시 집중할 준비를 한다. 반대로 그 신호를 무시하고 카페인으로 버티며 일을 이어가면, 피로가 누적되고 효율은 떨어진다. 피아니스트가 곡을 반복 연습하듯이, 우리 몸은 '집중 → 회복 → 재집중'이라는 리듬을 학습한다. 이 회복 루프를 존중할수록 몰입의 깊이와 지속 시간이 더 길어진다.

세계 최고의 수면 연구 기관인 스탠퍼드 대학교 수면생체리듬 연구소 소장 니시노 세이지(西野精治) 교수는 자신의 저서 《스탠퍼드식 최고의 수면법(スタンフォード式 最高の睡眠)》에서 수면의 양보다 질이 더 중요하다고 강조한다. 잠든 직후 90분이야말로 '수면의 골든타임'이며 이 황금시간 90분의 질을 높이면 개운한 아침을 맞을 수 있다는 것이다. 또 한 가지 비결은

취침 시간과 기상 시간을 고정하는 것이다. 특히 취침 시간을 고정하는 게 효과적이다. 잠을 잘 자는 것만으로도 회복의 루프가 제대로 작동하는 것이다.

•

나이를 거스른 사람들

최근 20대 치매 환자가 늘어나는 추세라고 한다. 노인성 질병이라고 생각했던 치매가 젊은 층까지 파고들었다는 소식을 들으면 마음이 착잡하다. 나이를 떠나서 인지 능력을 상실하는 치매는 '건강을 위협하는 최고 빌런'처럼 느껴지기 때문이다. 나이가 들면 신체 기능이 점점 떨어지는 것도 사실이지만 나이 들어서도 얼마든지 건강하고 활력 넘치는 인생을 살아갈 수 있다.

미국의 한 70대 마라토너는 그 사실을 가장 극적으로 증명하고 있다. 나이가 무색할 만큼 왕성한 활동을 보여주고 있기 때문이다. 한국에서 태어나 미국으로 이주한 마스터즈 마라토너 지니 라이스(Jeannie Rice)는 70대에 접어든 뒤에도 연달아 세계 기록을 갈아치우고 있다.

2025년 런던 마라톤에서 그녀는 여성 75~79세 부문 세계 신기록인 3시간 33분 27초로 우승했다. 1년 전 같은 대회에서 이미 종전 기록을 6분가량 앞당겼던 그녀가 다시 자신의 기록을 경신한 것이다. 평소 훈련은 주당 약 112~129킬로미터를 꾸준히 달리는 식으로 구성한다. 〈워싱턴 포스트〉는 최근 인체공학적 검사에서 그녀의 운동능력이 '젊은 성인과 유사한 수준'으로 평가됐다고 전한다. 무엇보다 최대산소섭취량(VO_2 max) 측정치가 47.8 ml/kg/min으로 보고됐는데, 이는 일반적인 70대 평균치를 훌쩍 웃도는 수치다.

라이스의 기록과 수치는 단순한 '재능'이 아니라, 수십 년간 동일한 루프 — 규칙적인 주행, 리듬 유지, 회복 관리 — 를 몸에 새긴 결과임을 보여준다. 그리고 몸도 반복을 학습한다는 사실을 확인시킨다. 그녀가 특별한 천재성으로 달리는 것이 아니라, 같은 시간에 신발을 묶고 일정한 페이스를 지키는 패턴을 그저 오래, 성실하게 유지했을 뿐이라는 점이 중요하다. 나이는 생물학적 지표가 아니라 생활 루프의 총합이라는 메시지를, 라이스는 매 시즌 결과로 증명하고 있다.

70대까지는 건강을 지키는 게 가능하다고 생각하는가? 그렇다면 더 놀라운 사례가 있다. 90대의 트랙 스타, 올가 코텔코(Olga Kotelko)이다. 캐나다에서 태어난 그녀가 처음 육상을 시작한 나이는 70대였다. 90대인 지금도 그녀는 던지고, 뛰고, 점프한다.

그녀의 독특한 이력은 단지 '감동 서사'로 끝나지 않았다. 일리노이 대학교 연구진은 93세였던 코텔코의 뇌를 자기공명영상으로 분석해, 동일 지역 거주 60~78세 여성 58명과 비교했다. 그 결과 코텔코의 뇌는 전반적인 백질 무결성이 더 잘 보존되어 있었고, 기억과 관련된 해마 부피 역시 상대적으로 유리한 양상을 보였다. "고령에서도 규칙적 운동이 뇌 구조와 기능에 긍정적으로 작용할 수 있다"라는 점을 시사한 드문 사례 연구다. 코텔코가 77세에 트랙에 입문했다는 사실을 떠올리면, 회복 루프는 '늦게 시작해도 몸이 학습한다'라는 가능성을 분명히 말해준다.

코텔코의 삶은 책으로도 출간되었다. 《젊어서도 없던 체력 나이 들어 생겼습니다(What Makes Olga Run?)》는 그녀가 90대에 세운 20개 이상의 세계 기록과 그것이 가능했던 배경에 놓인 생활 습관, 훈련 루틴, 과학적 검사들을 담았다. 이 기록들은 나이듦은 곧 쇠퇴라는 도식을 깨고, 반복된 회복과 훈련이 신경계와 근골격계에 남긴 흔적을 보여주는 생생한 증거가 되었다.

그래도 이들은 100세 미만이니까 어쩌면 가능하다고 생각하는 사람들에게 더 놀라운 이야기를 들려주고 싶다. 폴란드의 스타니스와프 코왈스키(Stanislaw Kowalski)는 100세가 넘어서도 육상 대회에 출전해 세계를 놀라게 했다. 2014년 브로츠와프에서 열린 마스터즈 경기에서 그는 104세의 나이로 100미터를 32.79초에 완주했다. 이듬해인 2015년에는 105세 최고령 부문에서 다시 출전해, 100미터 달리기·포환 던지기·디스크 던지기 3종에 도전했다. 기네스 공식 최고령 스프린터 기록은 일본의 미야자키 히데키에게 돌아갔지만, 코왈스키가 100미터 트랙에 선 사실과 기록은 다수의 매체가 현장에서 확인해 보도했다.

그의 일상은 소박했다. 평생 자전거를 타고 걷는 습관을 유지했고, '움직임의 루프'를 놓치지 않으려 애썼다. 그가 결승선을 통과하던 순간은 신체는 끝까지 적응하고 학습한다는 명제를 몸으로 증명한 장면으로 남았다.

무엇이 이들을 다르게 만들었을까? 세 사람의 공통점은 '천재성'이 아니라 '설계된 반복'이다. 정해진 시간에 몸을 깨우고, 미세한 피드백을 반영하며, 회복까지 루틴에 포함하는 루프가 매일 돌아갔다. 그리고 그 루프가 쌓여, 나이와 상식을 비트는 결과를 만들었다. 라이스의 주당 110~120킬로미터를 달리는 훈련, 규칙적 페이스 관리, 코텔코의 기술 연습과 대회 출전 루틴, 코왈스키의 평생 움직임 유지 습관은 디테일에서는 다르지만, 늦게 시작해도 반복된 운동 자극이 중추신경계에 학습된다는 사실을 보여준다. 경이롭다고 할 만큼 놀랍지 않은가. 몸의 회복 루프는 나이의 직선 그래프마저 휘게 만들 정도니 말이다.

•

몸의 회복 루프
설계하기

라이스, 코텔코, 코왈스키는 특별한 철인으로 태어난 사람들이 아니다. 오히려 우리 이웃에 있을 법한 평범한 사람들이다. 세 사람을 소개한 이유도 예외적인 영웅담이 아니라 이들이 보여준 신체 능력이 누구에게나 열려 있는 반복 설계의 결과라고 생각하기 때문이다.

몸의 루프를 회복하는 것은 의학적 처방이나 최첨단 장비에서 시작되지 않는다. 우리의 일상 속 작은 습관과 리듬이 모여 몸의 자동 반응을 새롭게 만든다. 실제로 세계적 마스터즈 선수들이나 장수 스포츠 스타들의 이야기를 보면, 공통점은 늘 같다. 특별한 재능이 아니라 반복 가능한 생활 루프를 설계하고 그 원칙을 지켜냈다는 것이다. 그렇다면 우리가 지금 이 자리에서 시작할 수 있는 실천은 무엇일까? 다음의 네 가지 루프 설계 원칙을 실천해보자.

첫째, 몸의 회복 루프를 만들기 위해 가장 먼저 필요한 것은 '리듬'이다. 우리는 흔히 운동을 '시간이 날 때 하는 것'으로 여긴다. 그러나 실제로 몸을 바꾸는 힘은 강도가 아니라 규칙성에서 나온다. 주 3~5회, 자신의 체력에 맞는 기본 리듬을 캘린더에 '고정 일정'으로 넣는 것이 출발점이다.

세계 마스터즈 러너 지니 라이스의 사례는 이를 잘 보여준다. 그녀는 하루도 빠짐없이, 같은 시간에, 비슷한 거리를 달렸다. 속도와 거리는 체력에 맞추어 조정했지만, 리듬은 흔들리지 않았다. 이 단순한 반복이 그녀의 뇌와 몸에 '이 시간엔 달린다'라는 루프를 심었고, 결국 70세가 넘어서도 젊은 선수들과 겨룰 수 있는 체력을 만들었다.

리듬은 뇌과학적으로도 설명된다. 뇌는 규칙적인 자극을 학습한다. 같은 시간, 같은 리듬의 활동은 생체 시계를 안정시키고, 호르몬 분비와 대사 활동까지 일정하게 만든다. 규칙적인 운동 루프는 단순히 근육만이 아니라, 몸 전체의 회복 회로를 다시 설계한다.

둘째, 회복을 루틴으로 승격시킨다. 운동은 열심히 하면서도 회복을 대충 넘기는 경우가 많다. 그러나 수면 시간을 고정하고, 가벼운 저녁 식사를 하고, 운동 뒤 5~10분 호흡과 스트레칭을 루틴에 넣는 순간, 몸은 '운동 → 회복'의 쌍을 새로운 루프로 기억한다. 울트라디안 리듬 연구에서도 밝혀졌듯, 인간은 약 90분 집중 뒤 10분 회복을 반복할 때 가장 오래 몰입할 수 있다. 이 원리는 공부에도, 업무에도, 운동에도 똑같이 적용된다.

셋째, '측정 → 기록 → 조정'의 순환을 만든다. 몸의 루프를 회복시키려면 주관적 느낌이 아니라 데이터가 필요하다. 주당 총이동 거리(또는 운동 시간), 수면 시간, 피로도를 하루에 한 줄씩 기록하는 것만으로도 충분하다. 2주 평균을 내어 무리가 없으면 강도를 5~10퍼센트 올리고, 흔들린다면 과감히 내린다. 실제로 오랫동안 현역으로 활동하는 선수들이 공통으로 강조하는 것도 '조금 부족한 듯할 때 멈추는 습관'이었다.

넷째, 나이 대신 루프를 본다. 코텔코는 70대 후반에 처음 육상을 시작했고, 90대에 세계 기록을 세웠다. 코왈스키는 100세를 넘긴 나이에 트랙에 서서 결승선을 통과했다. 출발점이 언제냐는 중요하지 않다. 중요한 것은 '지금 설계하고 오늘 실행하는 것'이다. 늦게 시작해도 괜찮다. 아주 작은 목표를 자주 세우고, 기록하면서 조정하는 방식을 따르면 된다. 나이는 숫자일 뿐, 루프가 미래를 결정한다는 걸 직접 확인해보자.

결국 몸은 우리가 설계한 대로 학습한다. 매일 반복하는 리듬, 회복을 놓치지 않는 태도, 작은 기록과 조정, 그리고 나이를 넘어서는 실행이 모여 몸의 자동 반응을 바꾼다. 지금 당장 오늘 하루에 적용할 수 있는 루프를 설계하자. 한 달 뒤, 반년 뒤, 1년 뒤엔 몸과 인생을 지탱하는 가장 강력한 기반이 되어 있을 것이다.

성공 루프를
자동화할 때
생기는 일

●

자신을 스스로
천재로 만든 사람

요한 세바스찬 바흐(Johann Sebastion Bach)는 오늘날 '음악의 아버지'로 불린다. 그러나 그가 살던 시대의 바흐는 전설적인 예술가가 아니었다. 그는 지역 교회와 궁정에 고용된 작곡가이자 연주자였고, 매주 정해진 기한 안에 새로운 곡을 납품해야 하는 철저한 직업인이었다. 바흐의 하루는 낭만적인 영감의 기다림이 아니라, 해야 할 일의 반복으로 채워져 있었다.

그는 매일 눈을 뜨면 곡을 만들었다. 영감이 있든 없든, 기분이 좋든 나쁘든, 작곡은 일상이었다. 주일 예배를 위해 매주 새로운 칸타타를 써야 했고, 한 주에 두세 곡을 완성해야 할 때도 있었다. 작곡은 특별한 이벤트가 아니라 일과표에 들어 있는 일이었다. 이 단순한 구조가 그의 인생을 결정지었다.

바흐가 남긴 작품은 1,000곡이 넘는다. 한 사람이 평생에 남겼다고 믿기 어려운 양이다. 그러나 이 숫자는 천재성의 증거라기보다 루프의 누적을 보여준다. 〈브란덴부르크 협주곡〉, 〈마태 수난곡〉 같은 불멸의 걸작도 어느 날 갑자기 탄생하지 않았다. 매일 반복된 작곡 루프 위에서 수많은 평범한 작품과 함께 탄생했다. 걸작은 예외가 아니라 반복의 부산물이었다.

바흐에게 작곡은 '해야 할지 말지 고민하는 일'이 아니었다. 그는 이미 결심을 끝낸 사람이었다. 작곡은 선택이 아니라 정체성의 일부였기 때문이다. 그는 스스로를 매일 증명하려 하지 않았다. 대신 매일 같은 루프를 실행했다. 그 루프가 그의 손을 움직였고, 손끝에서 나온 선율이 시대를 넘어 살아남았다.

바흐의 삶은 우리에게 중요한 사실을 알려준다. 성공은 거대한 결심에서 오지 않는다. 성공은 작은 반복이 자동으로 실행되는 상태에서 온다. 매일의 루프가 쌓이면, 그것은 어느 순간 '나는 작곡가다', '나는 창조하는 사람이다'라는 정체성으로 굳어진다. 이 정체성은 다시 행동을 강화하고, 행동은 더 큰 성과를 만든다. 이렇게 루프는 스스로를 증폭하며 삶의 방향을 고정하는 장치가 된다. 의지가 약해지는 날에도, 감정이 흔들리는 때도 같은 행동으로 돌아오게 만든다. 그래서 루프를 설계하는 사람은 매번 자신과 싸우지 않는다. 대신 구조에 몸을 맡긴다. 성공이 자동화된다는 말은, 바로 이 상태를 의미한다.

루프는 행동을 만들고, 행동은 정체성을 만들며, 정체성은 결국 성과를 만든다. 이 순서는 거꾸로 작동하지 않는다. 정체성을 먼저 바꾸려 해도, 행동이 따라오지 않으면 금세 무너진다. 반면 행동의 루프가 먼저 자리 잡으면, 정체성은 자연스럽게 뒤따라온다. 바흐가 매일 쌓은 작곡 루프가 그의 음악을 세기의 걸작으로 만든 것처럼, 우리 역시 일상의 루프를 어떻게 자동화하느냐에 따라 인생의 무대가 달라진다.

성공은 더 많은 결심을 요구하지 않는다. 대신 더 적은 선택을 요구한다. 매일 같은 시간, 같은 방식, 같은 루프를 실행하는 것. 그것이 쌓일 때, 성공은 더 이상 목표가 아니라 결과가 된다. 성공을 원한다면, 의지를 갈아넣지 말고 루프를 설계하라. 그 루프가 당신을 대신해 성공을 만들어줄 것이다.

●

세계 최고 투자자들의
성공 루프

워런 버핏(Warren Buffett)은 세계에서 가장 위대한 투자자로 불리지만, 그의 성공 비결은 투자 기술이 아니라 '자동화된 반복'이었다. 어린 시절부터 루프는 시작됐다. 처음 주식을 산 11살 때의 경험을 잊지 않고, 매일 주식 시장의 흐름을 기록했다. 그가 청소년 시절 신문 배달을 하며 모은 돈으로 첫 투자 자금을 마련했다는 이야기는 유명하다. 핵심은 돈을 벌었다는 사실이 아니라, 매일 새벽같이 일어나 신문을 배달하며 '일찍 일어나 기록하고, 돈을 관리하는 루프'를 몸에 새겼다는 점이다.

버핏의 루프는 단순하지만 강력하다. 그는 평생 매일 아침 500쪽에 달하는 자료를 읽으며 시작했다. 연례보고서, 신문, 기업 분석 자료, 투자 관련 서적 등 종류도 다양했다. 이 읽기의 루프가 그의 머릿속에 '기업 가치'에 대한 내공을 축적했고, 남들이 보지 못하는 기회를 찾아내는 힘이 되었다.

그는 한 인터뷰에서 이렇게 말했다.

"내가 하루에 읽는 책은 몸이 먹는 음식과 같다. 쌓이고 쌓여 어느 순간 내 것이 된다."

이것이 바로 그의 자동화된 성공 루프다. 읽고, 생각하고, 기록하는 과정을 매일 반복하며 그는 자신만의 판단 체계를 굳혔다. 자동화된 루프의 힘은 그의 투자 방식에서도 드러난다. 단기 시세 변동에 휘둘리지 않고, 늘 같은 질문을 스스로에게 던졌다.

"이 기업은 10년 뒤에도 살아남을까?"

이 질문을 루틴으로 삼아 그는 '장기 가치 투자'라는 길을 걸었고, 그 루프가 그의 행동을 자동화했다. 시장이 요동칠 때도 루프는 그를 붙잡아 흔들리지 않게 했다.

실제 일화가 있다. 2008년 금융위기 당시 대부분의 투자자들은 공포에 휩싸여 주식을 팔았다. 그러나 버핏은 오히려 골드만삭스와 같은 금융 회사에 과감히 투자했다. '10년 뒤에도 돈을 벌 기업'이라는 그의 질문이 자동으로 작동했기 때문이다. 결과적으로 이 투자는 막대한 수익으로 돌아왔다.

오늘날 그는 여전히 평범한 생활을 고수한다. 아침마다 늘 가는 맥도날드에서 같은 메뉴를 주문하고, 간소한 일상으로 하루를 시작한다. 화려한 라이프스타일 대신, 일상의 루프를 통해 집중을 지켜낸 것이다.

그리고 워런 버핏 곁에는 평생을 함께한 든든한 동반자, 찰리 멍거(Charles Munger)가 있었다. 그는 단순히 투자 파트너가 아니라, 버핏의 사고 루프를 한 단계 더 깊게 만든 사람이었다. 멍거는 늘 이렇게 말했다.

"나는 단순히 부자가 되는 데 관심이 있는 게 아니다. 현명해지고 싶다. 그리고 현명해지는 가장 확실한 방법은 매일 조금씩 배우는 것이다."

멍거의 루프는 지식 축적이었다. 그는 날마다 읽고, 기록하고, 토론했다. 법률, 경제, 역사, 심리학, 생물학 등 분야를 가리지 않고 탐독했다. 그의 책상은 늘 다양한 분야의 책으로 가득 차 있었고, 이렇게 얻은 지식을 투자 판단에 접목했다. 버핏이 특정 기업의 가치를 깊이 파고들었다면, 멍거는 지식의 그물망을 넓혀 그 가치를 다른 맥락에서 해석했다.

특히 멍거는 '역발상 사고'를 강조했다. 그는 "이 일이 실패하려면 무엇이 잘못돼야 하는가?"라는 질문을 습관처럼 던졌다. 멍거의 질문 루프는 버핏의 과감한 투자에 안전장치를 제공했다. 두 사람은 늘 같은 책을 읽으며 토론했고, 반복된 대화를 통해 투자 철학을 정교하게 다듬었다.

그들의 공통점은 단순하다. 화려한 투자 기법이나 단기 전략이 아니라, 매일 반복되는 루프를 자동화했다는 것이다. 버핏은 매일 읽고, 투자 원칙을 반복하며, 일상의 단순한 루틴을 지켰다. 멍거는 매일 배우고, 역발상 질문을 습관화하며, 지식의 폭을 넓혔다. 이 두 가지 루프가 결합하면서 그들은 세계에서 가장 성공적인 투자 동맹으로 자리 잡았다. 두 사람의 부와 명성은 한순간의 행운이 아니라, 매일 반복된 루프의 축적물이었다. 그들의 성공은 '자동화된 루프가 어떻게 삶을 부자로 이끄는가?'를 보여주는 가장 생생한 증거일 것이다.

●

뇌 스스로 실행하는
자동화 회로

바흐나 버핏은 처음부터 다른 종(種)의 인간이 아니었다. 그들을 '넘사벽'으로 만들어주는 서사는 우리를 안심시키지만, 동시에 가능성을 차단한다. 저 사람은 원래 달랐다고 말하는 순간, 우리는 더 이상 따라갈 필요가 없어진다. 그러나 불편한 진실은 이렇다. 그들은 우리와 같은 뇌를 가지고 있었다. 차이는 재능이 아니라, 뇌를 어떻게 쓰도록 만들어두었는가에 있었다.

인간의 뇌는 몸 전체 에너지의 약 20퍼센트를 사용한다. 이 수치는 작아 보이지만, 뇌 입장에서는 늘 과부하 상태다. 그래서 뇌의 최우선 전략은 하나다. 가능한 한 많은 결정을 자동화해 생각하지 않아도 되게 만들고, 판단하지 않아도 움직이게 만드는 것. 이것이 뇌가 살아남는 방식이다.

운전을 처음 배울 때를 떠올려보자. 핸들, 브레이크, 가속 페달, 방향지시등까지 모든 행동을 의식적으로 처리해야 한다. 금세 피로해지고, 실수도 잦다. 그러나 일정 시간이 지나면 우리는 목적지까지 거의 무의식적으로 도착한다. 풍경을 보거나 다른 생각을 하면서도 말이다. 이 변화는 실력이 좋아졌기 때문이 아니라, 뇌가 반복된 행동을 자동 회로로 저장했기 때문이다. 생각은 사라졌지만, 정확도는 오히려 높아진다.

뇌에서 자동화를 담당하는 곳이 바로 기저핵(basal ganglia)이다. 기저핵은 뇌의 '자동 실행 장치'에 가깝다. 행동이 충분히 반복되면, 전두엽이 담당하던 복잡한 판단은 물러나고, 기저핵이 전면에 나선다. 신경과학자들은 이때 특정한 신경 활성 패턴이 형성되며, 이 패턴이 행동을 즉시 불러오는 신호로 작동한다는 사실을 밝혀냈다. 더 흥미로운 점은, 여러 행동이 하나의 덩어리, 즉 '청크(chunk)'로 묶인다는 것이다. 시작 신호만 주어지면, 끝까지 한 번에 실행되는 루프가 만들어진다.

하지만 반복만으로는 부족하다. 뇌는 효율적인 기계이면서 동시에 보상에 민감한 시스템이다. 어떤 행동이 보상과 연결될 때, 도파민이 분비되고 그 행동 회로는 우선순위를 얻는다. 이때 도파민은 단순한 기분 좋은 물질이 아니다. 그것은 '이 행동은 다시 실행할 가치가 있다'라는 표시다. 운동한 후의 상쾌함, 글쓰기를 마친 뒤의 만족감, 계획을 끝낸 후의 안도감은 모두 뇌가 회로를 강화하고 있다는 신호다. 그래서 습관은 의지로 유지되지 않는다. 보상으로 고착된다.

신경과학자들이 말하는 효과적인 자동 루프의 조건은 명확하다. 반복, 보상, 맥락. 반복은 시냅스 연결을 굵게 만든다. 보상은 도파민을 통해 회로를 고정한다. 맥락은 시간·장소·상황을 단서로 삼아 행동을 자동으로 호출한다. 이 세 가지가 결합되면, 행동은 더 이상 '할까 말까'의 대상이 아니다. 조건이 맞는 순간, 저절로 실행된다. 아침에 양치질을 하며 결심하지 않는 것처럼 말이다.

이제 바흐와 버핏을 다시 보자. 바흐는 매일 작곡했다. 영감이 와서가 아니라, 그 시간이 되면 작곡하는 루프가 작동했기 때문이다. 버핏과 멍거는 수십 년간 같은 방식으로 읽고, 생각하고, 기다렸다. 흥분하지 않고, 루틴을 깨지 않았다. 그들은 의지를 소모하지 않았다. 대신 뇌 속에 자동 회로를 심어두었다. 그래서 평범한 날에도, 컨디션이 좋지 않은 날에도, 같은 방향으로 움직일 수 있었다.

여기서 가장 중요한 전환이 생긴다. 오늘의 의지를 불태우는 것은 성과를 만들지 못한다. 오히려 내일의 의지를 갉아먹을 뿐이다. 반면 자동화된 루프는 의지를 요구하지 않는다. 결정 비용을 없애고, 실행을 기본값으로 만든다. 이것이 성공을 자동화한다는 말의 본질이다.

루프는 행동을 만들고, 행동은 정체성을 만들며, 정체성은 성취를 만든다. 이 순서는 우연이 아니라 뇌의 작동 방식이다. 당신의 인생이 지금 어떤 방향으로 흘러가고 있는지는, 당신이 어떤 루프 위에 서 있는지로 거의 설명된다. 그리고 이 루프는 타고나는 것이 아니라, 설계하는 것이다.

성공은 더 강한 의지를 요구하지 않는다. 더 많은 자동화를 요구한다. 오늘 한 번 더 마음을 다잡는 것보다, 내일 아무 생각 없이 실행될 루프 하나를 심는 것이 훨씬 강력하다. 바흐와 버핏이 증명한 것은 천재성의 신화가 아니라, 뇌를 아군으로 만드는 기술이다.

삶의
윤활유가
필요한 이유

●

놀이와 취미가
삶을 매끄럽게 만든다

할 일은 끝없이 밀려오는데 몸은 하나뿐이다. 중요한 것과 긴급한 것이 한 덩어리로 엉겨 붙는 순간, 삶의 엔진은 금세 과열된다. 우리는 늘 같은 주문을 외운다.

"이것만 끝내고 쉬자."

그러나 이상하게도 '이것'은 좀처럼 끝나지 않는다. 하나를 처리하면 곧바로 다음이 나타나고, 잠시 숨을 돌리려는 순간에도 또 다른 긴급함이 끼어든다. 그렇게 하루는 지나가고, 남는 것은 피로와 미완의 감각이다. 이때 대부분의 사람들이 더 강해지려고 한다. 체력을 끌어올리고, 시간을 쪼개고, 의지를 다잡는다. 하지만 엔진이 과열된 상황에서 더 세게 밟는 것은 해결책이 아니다. 오히려 고장을 앞당길 뿐이다. 그래서 나는 순서를 바꾸자고 제안한다. 일을 먼저 끝내고 나서 놀겠다는 발상에서 벗어나자는 것이다.

놀이는 보상이 아니라 조건이다. 엔진이 움직이려면 먼저 기름을 먹여야 하듯, 삶에도 놀이와 취미라는 윤활유가 필요하다. 하루를 조금만 들여다보면 알 수 있다. 우리의 시간은 업무와 돌봄, 이메일과 보고서, 영수증과 회의 같은 일들로 촘촘히 채워져 있다. 다 해도 티가 나지 않지만, 안 하면 곧바로 탈이 나는 일들이다. 그래서 우리는 늘 그 일들부터 붙잡는다. 반면 운동과 독서, 공부, 관계처럼 인생의 방향을 길게 바꿔놓는 일들은 언제나 뒤로 밀린다. 급하지 않다는 이유로, 당장 눈에 띄는 성과가 없다는 이유로 말이다. 그렇기에 더욱더 이런 일들은 우선순위의 윗줄에 있어야 한다.

우리가 가장 가볍게 취급해온 영역이 바로 놀이와 취미다. 흔히 놀이는 한가한 사람의 사치로 오해된다. 일이 없는 사람이나 누리는 여유, 혹은 열심히 산 뒤에야 허락되는 보너스처럼 취급된다. 하지만 진실은 정반대다. 윤활유 없이 고속으로만 달리는 엔진은 오래 버티지 못한다. 놀이는 삶의 낭비가 아니라, 마찰을 줄이는 기술이다. 생각이 다시 부드럽게 흐르도록 돕는 장치이며, 멈칫거리는 삶의 톱니를 다시 맞물리게 하는 힘이다.

놀이가 없는 삶은 점점 경직된다. 모든 일이 의무가 되고, 모든 선택이 부담이 된다. 웃음은 줄어들고, 시야는 좁아진다. 당연히 문제 해결 능력도 함께 떨어진다. 반대로 놀이가 있는 삶은 다르다. 쓸모를 따지지 않는 시간 속에서 뇌는 긴장을 풀고, 저장된 기억을 효율적으로 재구성하며, 예상치 못한 연결을 만들어낸다. 창의성은 바로 이 지점에서 태어난다. 놀이는 도망이 아니라 재정비다.

더 크게 성장하고 싶다면, 반복되는 틀에서 벗어나 창조적인 인생을 살고 싶다면, 놀이 루프를 의도적으로 작동시켜야 한다. 놀이를 삶의 가장자리에서 중심으로 끌어오는 일은 나태함의 선언이 아니라 더 힘차게, 더 즐겁게, 더 오래 달리기 위한 전략이다.

●

페르소나를
벗어야 할 시간

고대 그리스인들은 연극을 무척이나 사랑했다. 그들은 연극을
단순한 오락거리로만 소비하지 않았다. 그들에게 연극은 공동
체가 자신을 성찰하는 가장 정교한 장치였다. 무대에 오른 배
우들은 프로소폰(prosopon)이라 불린 가면을 썼는데, 이 말은
오늘날 우리가 쓰는 페르소나(persona)의 어원이 되었다.

가면은 얼굴을 숨기는 도구인 동시에, 한 인간이 잠시 다른
존재의 목소리를 빌려 말하게 하는 매개였다. 표정과 신분, 감
정의 결을 관객석 끝까지 선명하게 전달하기 위해 고안된 이
장치는, 배우가 가면을 바꿔 쓰는 순간 영웅이 되었다가 신이
되고, 다시 평범한 시민으로 돌아오게 했다. 그렇게 무대는 개
인을 넘어 공동체 전체를 비추는 거울이 되었다.

그들이 연극에 열광한 이유도 여기에 있다. 디오니소스 제
전에서 상연된 비극과 희극은 즐길 거리라기보다 시민적 의식
에 가까웠다. 그 중심에는 아리스토텔레스가 말한 카타르시스
(catharsis), 즉 연민과 두려움을 안전한 공간에서 끝까지 경험

하고 흘려보내는 정화의 과정이 있었다. 관객은 타인의 비극을 통해 자신의 감정을 직면했고, 억눌렸던 감정은 울음과 웃음으로 배출되었다. 연극은 감정을 다스리는 기술이자, 사회가 건강을 유지하는 장치였다.

현대인에게도 카타르시스는 여전히 필요하다. 감정은 소모되지 않으면 축적되고, 축적된 감정은 굳어진다. 그리고 굳어진 감정은 우리의 반응 루프를 지배한다. 피로와 불안, 분노와 좌절이 정리되지 않은 채 쌓이면, 그것들은 '더 빨리, 더 많이'라는 가면을 쓰고 우리를 밀어붙인다. 성과와 속도라는 이름의 가면이 얼굴에 붙어버리는 순간, 역할은 나를 살리는 도구가 아니라 나를 가두는 틀이 된다.

우리는 매일 가면을 쓴다. 직함과 목표, 숫자와 평판이 소란한 자리에서 하루 종일 응답하고 증명하고 설득한다. 이 과정이 반복되면 역할 중심의 루프가 강화되고, 삶은 '중요하고 긴급한 것'만 남긴 채 다른 모든 것을 가장자리로 밀어낸다. 쉼은 미뤄지고, 놀이는 사치가 되며, 감정은 관리 대상이 아니라 방치된 잔여물이 된다. 그래서 더더욱 가면을 벗을 수 있는 시간이 필요하다.

직책과 목표, 숫자와 평판에서 한 걸음 물러나는 순간, 우리는 비로소 페르소나를 내려놓고 '한 사람'으로 돌아온다. 주말 아침 동네 뒷산을 오르거나, 도예 공방에서 흙을 만지는 동안에는 명함이 아무 의미도 갖지 못한다. 그 짧은 시간만큼은 사회가 부여한 역할이 아니라 몸의 감각이 중심에 선다. 들숨과 날숨의 리듬, 손의 촉감, 균형을 잡는 근육의 미세한 떨림. 바로 그때 사고의 틀이 느슨해진다.

뇌는 익숙한 회로를 반복 재생하지만, 환경이 달라지면 새로운 연결을 시도한다. 문제의 결을 바꾸는 해법은 종종 그 낯선 연결에서 튀어나온다. 그래서 "일을 잘 끝내면 놀겠다"가 아니라 "잘 놀아야 일이 돈다"라는 말은 허튼소리가 아니다. 놀이는 생산의 반대말이 아니라, 생산을 가능하게 하는 윤활유다. 다만 이 윤활유를 '가끔의 호사'로 남겨두어서는 안 된다. 달력에 먼저 표시하고 한 주의 리듬을 만들 때 회의보다 먼저 놀이의 시간을 확보해야 하는 것이다.

무엇을 해도 상관없다. 다만 놀이와 취미가 또 다른 업무로 변질되는 순간은 경계해야 한다. 동호회에서 직책을 맡고, 성과 목록을 만들고, '여기서도 잘해야 한다'라는 압박을 키우는 순간 놀이 루프는 사라진다. 직함과 연봉, 사는 집과 타는 차, 인맥을 잠시 내려놓고 "나는 여기서 초보자다"라고 말할 수 있을 때 오히려 자유가 생긴다. 초보자의 자리에는 비교가 없고, 비교가 없는 곳에서 감정은 부드럽게 풀린다.

　내 경우 카약을 타러 가면 서로 직업도 이야기하지 않고 나이도 묻지 않는다. 다른 것에 신경 쓰지 않고 온전히 패들링에 집중하고 더 나은 패들링을 위한 방법을 토론한다. 다른 사람들도 마찬가지다. 눈치 보지 않고 자신의 생각을 자유롭게 이야기한다. 지금 이대로 충분하다는 믿음이 있어야 그 순간을 즐길 수 있다. 그리고 그 믿음은 삶에 안정감을 주고 과거에 대한 후회와 미래에 대한 걱정 없이 모든 일에 온전히 몰입할 수 있게 해준다.

　카타르시스는 고전의 용어가 아니다. 오늘날의 삶을 작동시키는 실전 기술이다. 가면을 쓰는 시간과 벗는 시간을 의식적으로 구분하되 벗는 시간을 먼저 확보하자. 감정의 찌꺼기가 흘러갈 길을 열어두면, 삶에서 생기는 갈등과 마찰이 그만큼 줄어든다. 충분히 잘 놀고 나면 중요한 일을, 중요한 순서로 해낼 수 있게 된다. 놀이와 휴식이 우리 안에 깊숙이 자리하는 순간 삶은 다시 매끄럽게 움직이고 우리는 그 경이로운 회복을 온전히 실감하게 될 것이다.

호모 루덴스,
노는 인간

네덜란드의 역사가이자 철학자인 요한 하위징아(Johan Huizin-ga)는 인간을 호모 루덴스(Homo Ludens), 곧 '놀이하는 존재'라고 불렀다. 사람은 일로 인간이 된 것이 아니라, 놀이를 통해 인간이 되는 법을 배웠다는 뜻일 것이다.

우리가 어릴 때를 생각해보자. 무엇보다 노는 일이 우선이었다. 아이들은 소꿉놀이로 가게를 열고, 역할을 나누고, 규칙을 정한다. 가격을 흥정하고, 차례를 기다리고, 갈등을 조정한다. 놀이는 미리 정해진 답을 외우는 시간이 아니라, 세상을 실험해보는 안전한 무대다. 시간과 공간이 구획되고, 약속한 규칙 안에서 마음껏 시도해볼 수 있다. 진지하지만 실패해도 크게 다치지 않는다. 그래서 다시 해볼 용기가 생긴다.

이 구조가 중요한 이유는, 놀이가 단순한 휴식이 아니라 학습의 원형이기 때문이다. 놀이에는 목표가 있고, 규칙이 있으며, 피드백이 있다. 성공과 실패가 즉각적으로 돌아오고, 다음 시도를 수정할 수 있다. 이 순환이 뇌를 움직인다. 놀이는 쓸모

없는 시간이 아니라, 시도와 수정의 리듬을 몸에 새기는 과정이다.

놀이는 아이들의 전유물이 아니다. 오히려 어른이 될수록 놀이의 필요성은 더 커진다. 직함과 성과 사이에서 하루를 보내다 보면 사고의 경로는 빠르게 굳는다. 늘 같은 문제를 같은 방식으로 풀고, 같은 판단을 반복한다. 이 경로를 흔드는 게 바로 놀이다. 환경이 바뀌면 뇌는 새로운 연결을 만든다. 낯선 규칙, 다른 리듬, 예상 밖의 결과가 사고를 확장한다. 그래서 잘 노는 사람은 오래 버티고, 오래 자라는 사람이 된다.

여기서 말하는 놀이는 빈둥거림이 아니다. 아무 생각 없이 시간을 흘려보내는 휴식과는 다르다. 처음엔 산책처럼 가벼운 시작도 좋다. 하지만 가능하다면 성장하는 놀이까지 가보자. 하프 마라톤 완주, 자전거 대회 참가, 5킬로미터 기록 단축처럼 약간의 부담이 있는 목표가 좋다. 준비하고, 해보고, 기록하고, 조금씩 고쳐가는 것이다. 이 흐름이 생기면 놀이가 루프가 된다. 돈도, 명예도 걸지 않았는데 나 자신이 나아지고 있다는 증거가 차곡차곡 쌓인다.

업무에서의 성취는 외부 평가에 좌우되지만, 놀이에서의 성장은 완전히 나의 것이다. 누구의 승인도 필요 없다. 이 자율적

성취감이 업무로 스며들면 집중은 안정되고 실행은 흔들리지 않는다. 실패해도 회복이 빠르다. 이미 놀이에서 수없이 실패하고 수정해본 몸이기 때문이다.

몸이 먼저 움직이면 마음이 따라온다. 새로운 동작을 배우고, 기록을 조금 줄이고, 손끝에서 완성품의 감촉을 느끼는 순간 뇌는 분명한 신호를 받는다. '나는 아직 배울 수 있다.' 이 신호가 반복되면 자기 이미지가 바뀐다. '늘 바쁘고 지친 사람'에서 '즐겁게 성장하는 사람'으로. 자기 인식이 바뀌면 선택도 가벼워진다. 무리한 비교에서 벗어나고, 속도를 조절할 줄 알게 된다.

집중은 성과를 만들고, 성과는 여유를 준다. 하지만 놀이 시간이 지나치게 적으면 삶의 톱니바퀴는 삐그덕거린다. 마찰이 늘고 소음이 커진다. 그러니 놀이를 남는 시간에 배치하지 말고, 가능한 한 최우선 순위로 배정하자. 놀이는 낭비가 아니라 윤활유다. 페르소나를 잠시 내려놓고 몸과 감각을 앞세우는 시간은 삶의 마찰을 줄이고, 생각을 부드럽게 만든다. 놀이 루프가 작동할 때 우리는 더 인간답고, 더 창조적이며, 더 유연해진다.

놀이는 삶의 속도를 조절하는 기준점을 만든다. 성과 중심의 시간은 늘 앞당겨지고 압축되지만, 놀이는 시간을 느슨하게 만든다. 이 느슨한 시간 감각이 생길 때, 우리는 비로소 무엇을 서두를지, 무엇을 기다릴지 분별하게 된다. 놀이는 에너지를 보충하는 행위가 아니라 우선순위를 재정렬하는 행위다. 언제 쉬고 언제 멈출 수 있는지를 몸으로 배우는 과정이기 때문이다. 그 기준점이 생기면 삶은 더 이상 성마른 긴급함에 끌려가지 않는다. 대신 내가 정한 리듬 위에서 움직이기 시작한다. 이것이야말로 이상적이고 아름다운 삶을 현실적으로 가능하게 하는 루프다.

낡은
인생 루프를
리셋하라

●

오늘이 바로
그토록 원하던 그날이다

10년 후의 삶을 떠올려본 적이 있는가. 5년 뒤는 어떤가. 아니, 단 1년만 지나도 지금과 전혀 다른 인생을 살고 있을 수 있다는 상상을 해본 적은 얼마나 될까. 아마도 많은 사람들은 이렇게 답할 것이다. 지금과 크게 다르지 않을 것 같다고. 그것은 능력이 없어서가 아니다. 대개는 그렇게 달라질 수 있다는 상상 자체를 허락하지 않았기 때문이다.

우리는 익숙한 궤도를 따라 살아간다. 아침에 눈을 뜨고, 늘 다니던 길을 걷고, 비슷한 시간에 일을 시작하고, 같은 방식으로 하루를 마친다. 이 반복은 편안하다. 예측 가능하고, 큰 결정을 요구하지 않는다. 사람들은 이 상태를 '안정'이라 부른다. 그러나 그 안정은 종종 성장의 부재를 가리는 이름이 된다. 익숙함이 주는 안도감은 생각보다 강력해서, 가능성의 문을 조용히 닫아버린다.

진실은 이렇다. 대부분의 삶은 계획이 아니라 관성으로 흘러간다. 특별히 나쁜 선택을 하지 않아도, 특별히 좋은 선택을 하지 않아도, 우리는 지금의 자리로 되돌아온다. 생각이 아니라 반복이 인생을 끌고 가기 때문이다. 의지는 잠깐 반짝이지만, 루프는 매일 작동한다. 그래서 삶은 크게 바뀌지 않는다. 정확히 말하자면 바뀌지 않는 게 아니라, 돌아오는 것에 가깝다.

하지만 기억해야 할 사실이 하나 있다. 삶은 우리가 살아온 방식 그대로만 살아야 하는 필연이 아니다. 고정된 궤도를 반드시 따라야 할 의무도 없다. 지금까지의 실패가 미래를 봉인하지도 않는다. 굳어진 습관이 영원한 정체성을 결정하지도 않는다. 직함, 성적, 연봉, 나이 등 사회가 붙여준 이름표 중에 그 어느 것도 앞으로의 방향을 최종적으로 규정하지 않는다.

결국 남는 질문은 이것이다.

"나는 앞으로 무엇을 반복할 것인가?"

목표를 바꾸는 것보다, 다짐을 늘리는 것보다, 환경을 바꾸는 것보다 더 중요한 질문이다. 인생은 어느 날 갑자기 바뀌지 않는다. 대신 새로운 반복이 시작된 날을 기점으로 서서히 다른 방향으로 움직인다. 눈에 띄지 않을 만큼 작은 변화라도, 반복되면 궤도가 달라진다. 그리고 궤도가 수정되면 도착지는 완전히 달라진다.

과거의 나는 미래를 결정하지 않는다. 다만 과거의 반복이 지금의 나를 만들었을 뿐이다. 그렇다면 답은 분명하다. 반복을 바꾸면 된다. 익숙한 궤도에서 한 발만 벗어나도, 삶은 다른 중력을 만나기 시작한다. 그 순간 우리는 깨닫게 된다.

'아, 나는 원래 이 길로만 가야 하는 사람이 아니었구나.'

언제든 우리는 자신의 인생 루프를 리셋할 수 있다. 특별한 사건이나 대단한 용기가 필요한 게 아니다. 오직 지금 이 순간 자신에게 도움이 되는 행동을 반복하는 것으로 충분하다. 무엇을 더 잘할지 고민하기보다, 무엇을 자동으로 만들지를 결정하라. 우리의 뇌도 우리의 인생도 결심에 반응하지 않는다. 오직 반복되는 행동, 꾸준히 쌓아 올린 루프에 반응한다.

지금 바로 이 순간, 우리는 새로운 루프의 첫날을 만들 수 있다. 그것이 하루를, 한 달을, 1년을 바꾸고, 결국 10년 뒤의 풍경을 완전히 바꾼다. 이 사실이야말로 가장 현실적인 희망이다. 낡은 인생 루프를 리셋하라. 그리고 당신이 아직 가보지 못한 삶의 궤도로, 천천히 그러나 확실하게 진입하라.

●

낡은 인생 루프를 리셋한 사람들

"지금까지 이렇게 살아왔으니, 앞으로도 달라질 건 없을 거야."

어떤 사람들은 종종 이렇게 말한다. 이 말에는 체념이 담겨 있다. 달라질 수 있다는 가능성을 스스로 지워버렸기에 나오는 문장이다. 과거의 선택과 현재의 위치가 미래까지 봉인해버린 것처럼 느껴질 때, 사람은 변화를 포기한다. 그러나 어떤 사람들은 그 믿음이 얼마나 허약한 가정인지 조용히 증명해낸다.

조안나 캐넌(Joanna Cannon)의 삶이 그렇다. 그는 30대에 접어들어서야 의과대학의 문을 두드렸다. 학업 이력만 놓고 보면 결코 유리한 조건이 아니었다. 면접을 맡았던 교수 역시 기준만 놓고 보자면 부족함이 있다는 사실을 알고 있었다. 그럼에도 그는 '와일드카드'를 썼다. 눈앞의 성적표가 아니라 그녀 안의 가능성을 본 것이다. 그렇게 시작된 의대 생활은 결코 낭만적이지 않았다. 인턴과 레지던트 과정을 거치며 그는 또래보다 늦은 나이로 수련을 이어갔고, 전문의가 되었을 때는 이미 마흔을 넘긴 뒤였다. 그럼에도 그는 끝까지 포기하지 않고 정신과 의사로 일했다.

그러나 조안나 캐넌의 인생 리셋은 거기서 멈추지 않았다. 생과 사의 경계에서 인간의 취약함과 회복을 마주한 경험은, 그를 다시 글쓰기의 자리로 이끌었다. 그렇게 탄생한 책이《나는 마음이 아픈 의사입니다(Breaking & Mending)》이다. 이 책은 단숨에 세계적인 베스트셀러가 되었다. 열여섯 살에 학업을 중단했던 한 여성이 의사이자 작가로 거듭난 이 이야기는, 정체성이란 고정된 꼬리표가 아니라 다시 써 내려갈 수 있는 서사임을 상징적으로 보여준다.

프랭크 로이드 라이트(Frank Lloyd Wright)의 삶 역시 같은 질문을 던진다. 그는 60세를 넘기며 이미 20세기 건축을 대표하는 거장으로 평가받고 있었다. 많은 이들이 그 지점에서 과거의 명성에 안주했을 것이다. 그러나 라이트는 나이가 들수록 더 과감해졌다. 70대에 접어들어 설계한 뉴욕의 '구겐하임 미술관'은 기존 건축의 상식을 뒤흔드는 실험이었고, 세계 건축사에 길이 남을 기념비적 작품이 되었다. 나이를 이유로 변화의 루프를 닫았다면 결코 도달할 수 없었던 지점이다.

라이트는 자신의 일상을 끝까지 창조의 흐름 안에 두었다. 매일 스케치하고, 구상하고, 실패를 감내하는 반복을 멈추지 않았다. 그 반복이 세대를 넘어서는 작품을 가능하게 했다. 나이는 한계가 아니라, 축적된 루프의 두께를 말해주는 숫자에 불과했다.

캐넌과 라이트는 성별도 나이도 직업도 가치관도 각자 살아간 일상의 공간도 달랐지만, 한 가지 공통점이 있다. 그들은 과거의 궤도에 머물지 않았다. 현재의 직업, 주변의 시선, 나이라는 사회적 프레임에 삶을 고정하지 않았다. 대신 전혀 다른 루프를 선택했다. 그 선택은 하루아침에 결과를 내지 않았지만, 정체성을 바꾸는 방향으로 삶을 움직였다. 새로운 반복이 쌓이자, 전에는 보이지 않던 인생의 다른 장면이 열렸다.

인생은 한 번 올라타면 끝까지 가야 하는 선로가 아니다. 우리는 생각보다 자주, 그리고 깊게 리셋할 수 있다. 다만 그 사실을 잊고 살아갈 뿐이다. 이들의 삶은 묻는다. 지금 당신이 돌고 있는 삶의 궤도가 전부라고 믿냐고. 이번 인생에 다른 루프를 선택할 기회는 전혀 없다고 확신하냐고. 이 질문에 어떤 대답을 하느냐에 따라 우리의 삶은 완전히 달라질 것이다.

•

나의 인생,
나의 루프를 창조하자

우리의 인생이 한 권의 책이라면 우리 자신은 그 책의 저자로서 '내 인생 이야기'를 쓰는 중이다. 하루의 선택은 잘 다듬은 문장이 되고, 반복되는 습관은 하나의 단락이 되며, 촘촘히 쌓인 시간은 하나의 긴 이야기로 엮일 것이다. 화려한 사건이 없어도 이야기는 진행된다. 묵묵히 반복한 하루가 페이지를 넘기고, 어느새 책의 분량은 생각보다 두꺼워진다. 과연 당신은, 당신의 인생이라는 책을 어떤 이야기로 남기고 싶은가.

호주의 호스피스 간호사 브로니 웨어(Bronnie Ware)는 수많은 임종의 순간을 목격했다. 삶의 끝자락에서 사람들이 붙잡는 것은 통장 잔고도, 직함도, 성취의 목록도 아니었다. 그가 기록한 다섯 가지 후회 중 가장 높은 순위를 차지한 세 가지는 놀라울 만큼 단순했다. 다른 사람의 기대에 맞추느라 내 삶을 살지 못했다는 것, 감정을 솔직하게 표현하지 못했다는 것, 소중한 관계를 지키지 못했다는 것. 마지막 순간에 인간은 성공의 정의를 다시 쓴다. 남긴 것보다 살아낸 방식을 묻고, 이룬 것보다 누구로 살았는지를 돌아본다. 인생의 마지막 페이지에 적히는 문장은 길지 않지만, 그 무게는 평생을 압도한다.

철학자 몽테뉴(Michel Eyquem de Montaigne)는 "죽음을 배우는 것이 곧 삶을 배우는 것"이라고 말했다. 죽음을 생각한다는 것은 음울해지는 일이 아니라, 삶의 초점을 바로잡는 일이다. 노년은 단순히 체력이 떨어지는 시기가 아니다. 그것은 인생의 무게를 매듭짓는 훈련의 시간이다. 젊은 날엔 성취와 경쟁이 삶의 중심에 있었다면, 시간이 흐를수록 관계를 돌보고, 경험을 나누며, 자기 자신과 화해하는 일이 더 중요해진다. 오래 사는 것보다 잘 늙는 것, 더 정확히 말하면 자기 삶과 합의한 상태로 늙는 것이 중요해진다.

심리학자 에릭 에릭슨(Erik Erikson)은 인간 발달의 마지막 과업을 "통합 대 절망"이라고 불렀다. 자신의 인생을 하나의 이야기로 받아들일 수 있는 사람은 평온함에 이르지만, 그렇지 못한 사람은 "다시 살 수 있다면"이라는 문장에 갇힌다. 이 차이를 만드는 것은 매일 무엇을 반복하며 살았는가다. 의미 없는 루프를 얼마나 오래 붙잡고 있었는지, 가치 있는 루프를 얼마나 용기 있게 선택했는지가 인생의 결말을 가른다.

당신은 어떤 루프를 살고 어떤 루프를 남기고 싶은가. 타인의 기대를 만족시키는 반복인가, 아니면 스스로 납득할 수 있는 반복인가. 두려움을 피하기 위해 만든 루프인가, 아니면 삶을 확장하기 위해 설계한 루프인가. 인생은 어느 날 갑자기 평가되지 않는다. 오늘의 반복이 내일의 의미를 만든다.

삶은 길게 살았을 때보다 충실히 살았을 때 만족도가 높다. 죽음은 인생의 끝이 아니라, 우리가 어떤 루프 위에 서 있었는지를 비추는 이정표에 가깝다. 그러니 더 대담해지되 과장하지 말고, 더 용감해지되 서두르지 말자. 끝을 보며 걷기보다 지금 여기에서 가능한 것을 차근차근 펼쳐가자. 오늘의 선택이 오늘의 문장이 되고, 오늘의 문장이 당신의 이야기를 바꿀 것이다.

인생은 완성품으로 주어지는 것이 아니라
매 순간 새롭게, 마지막까지 써 내려가는 것이다.
당신이 누구든, 어디에 있든 자신의 삶을 살아가기를.
다른 누구의 삶도 아닌, 당신 자신의 이야기를 창조하기를.

낯선 경험에
도전하라

•

익숙함은
우리를 굳게 만든다

매일 새벽, 한강 위에 카약을 띄우는 일은 나의 특별하면서도 평범한 루프다. 해가 뜨기도 전, 아직 어둠이 물 위에 눌러앉아 있을 때 강은 늘 다른 얼굴로 나를 맞이한다. 어떤 날은 숨을 죽인 듯 잔잔하고, 어떤 날은 이유 없이 성질을 부리듯 파도를 일으킨다. 바람의 방향도, 공기의 밀도도, 몸의 컨디션도 매번 다르다. 그러나 변하지 않는 것이 하나 있다. 매일 같은 시간,

그 불확실성 속으로 패들을 들고 들어간다는 사실이다.

카약을 처음 배울 때는 모든 것이 두려웠다. 물의 흔들림은 내 불안을 그대로 증폭시켰고, 작은 파도에도 중심을 잃고 휘청거렸다. 그럴 때마다 나는 환경을 탓했다. 바람이 너무 세서 앞으로 나아갈 수 없다고, 뒤에서 치는 파도 때문에 균형을 잃었다고. 그러나 시간이 흐르면서 분명해졌다. 물결은 늘 변한다. 문제는 물이 아니라, 매번 같은 방식으로 패들링을 하던 나였다. 굳어진 리듬, 자동으로 반복되던 동작. 그 습관이 나를 제자리에 붙들고 있었다.

이 깨달음 이후, 나는 태도를 바꿨다. 강을 통제하려 하지 않고, 오늘의 물결을 읽기로 했다. 맞바람이 불면 패들을 조금 기울였고, 파도가 거세면 속도를 늦췄다. 좋은 날씨만 기다리지 않았다. 오히려 불리한 조건에서 내 동작을 조율하는 연습을 했다. 그러자 아이러니하게도, 강을 건너는 일이 더 수월해졌다. 환경은 내 뜻대로 되지 않았지만, 내 리듬은 언제든 조정할 수 있었다.

삶도 정확히 이와 닮아 있다. 우리는 익숙한 루프를 안정이라고 부른다. 늘 가는 카페, 반복되는 대화, 같은 시간표. 안전하고 편안하지만, 그 편안함은 사고와 행동을 서서히 굳게 만든다. 문제는 위기가 아니라 변화가 없는 평온이다. 아무 일도 일어나지 않는 듯한 나날이, 사실은 가장 강력한 정체 루프일 수 있다.

그래서 나는 '큰 결심'보다 '작은 낯섦'을 권한다. 새로운 책 한 장, 다니지 않던 길로의 산책, 하루의 시작 순서를 바꾸는 일. 처음엔 불편하다. 어색하고, 효율도 떨어진다. 하지만 바로 그 불편함이 낡은 루프에 균열을 만든다. 루프는 생각으로 깨지지 않는다. 행동이 바뀔 때 풀린다. 막연히 '새로운 걸 해보자'가 아니라, 실행이 가능한 크기로 잘게 쪼개야 한다.

카약을 탈 때도 나는 거창한 목표를 잡지 않는다. 그날 교정하기로 생각한 한 가지 자세에만 집중한다. '의식적으로 몸을 더 회전해서 딱 1센티미터만 더 앞쪽에 패들을 입수시키겠다'와 같은 구체적인 시도를 두 시간 동안 반복한다.

이런 일을 우리 삶에 어떻게 적용할 수 있을까. 평소보다 10분 일찍 일어나 다른 루틴을 하나 추가해보자. 늘 미루던 활동을 '완벽하게'가 아니라 '딱 한 번' 해보자. 불편하지만 안전한 선택 하나를 의도적으로 골라보자. 이 정도면 충분하다. 루프는 행동의 크기로 바뀌는 게 아니라 잦은 반복으로 만들어지기 때문이다.

기억에 남는 날을 떠올려보면 아무 일 없이 무사히 지나간 하루가 아니라, 두려움을 안고 한 발 내디뎠던 날이었다. 여행에서 우연히 들어선 골목, 처음 도전한 취미, 낯선 사람과의 대화. 그런 순간들이 지금의 나를 만들었다. 내 인생을 바꾼 것은 극적인 사건이 아니라, 익숙함에서 살짝 벗어난 선택의 누적이었다.

강의 물결을 바꿀 수는 없다. 바람의 방향을 바꾸는 일도 불가능하다. 그러나 내가 젓는 패들의 리듬은 언제든 바꿀 수 있다. 오늘의 일상이 어제와 같아 보인다면, 환경을 탓하지 말고 리듬을 조정해보자. 각도를 조금 바꾸고, 속도를 약간 조절하고, 반복의 방향을 살짝 틀어보자. 그 작은 조정이 낡은 루프를 해체하고, 새로운 루프를 만들어낼 것이다.

루프 설계자로 살아가기

1   우리가 반복하는 행동은 정체성을 굳힌다.

2   컴포트존을 벗어난다는 것은 루프의 기준을 바꾸는 일이다.

3   집중과 몰입은 재능이 아니라 루프의 결과다.

4   지속 가능한 루프에는 반드시 '보상 구조'가 들어 있다.

5   몸의 루프가 무너지면, 생각과 의지의 루프도 함께 붕괴된다.

6   성공 루프가 자동화되기 시작하면, 삶의 에너지는 유지에서 확장으로 이동한다.

7   삶에는 윤활유가 필요하다. 여유, 놀이, 회복이 빠진 루프는 결국 마찰로 멈춘다.

8   낡은 인생 루프를 리셋한다는 것은 과거를 지우는 일이 아니라, 작동 방식을 바꾸는 일이다. 새로운 삶은 새로운 결심이 아니라, 다른 반복에서 시작된다.

∞ ——————————————

나는 루프를 만들고,
루프는 나를 만든다

우리는 이미 알고 있다. 인생이 한 번의 결심으로 바뀌지 않는 다는 사실을. 어떤 날 갑자기 모든 것이 제자리를 찾고, 삶이 단숨에 달라지는 일은 거의 없다. 거대한 사건이 나를 구원해 주는 경우도 드물다. 삶의 방향을 바꾸는 힘은 언제나 눈에 잘 띄지 않는 곳에서 자란다. 매일 같은 시간에 눈을 뜨고, 같은 자리로 돌아와 다시 시작하며, 같은 행동을 또 한 번 선택하는 일. 그렇게 쌓인 반복이 어느새 한 사람의 궤적이 된다.

이 책에서 말한 루프는 특별한 성공 전략이 아니다. 루프는 우리가 이미 매일 하고 있는 것들에 가깝다. 아침을 여는 방식, 어려움을 대하는 태도, 지쳤을 때 선택하는 행동, 누군가와의 대화를 마무리하는 말투까지. 우리는 의식하든 그렇지 않든, 이미 특정한 루프 속에서 살아가고 있다.

그래서 루프는 단순한 습관이 아니다. 루프는 내가 누구인지 보여주는 삶의 패턴이다. 내가 무엇을 중요하게 여기는지, 무엇을 피하려 하는지, 어떤 방향을 향해 가고 있는지가 반복 속에 드러난다. 불안을 피해 다니는 루프를 따라 살면 삶은 한동안 안전해질 수는 있지만 점점 좁아진다. 반대로 의미를 향한 루프를 선택하면 속도는 느릴지라도 시야는 넓어진다. 실패를 피하는 루프에 머무르면 정체되고, 새롭게 배우는 루프를 반복하면 내일의 나는 조금씩 나아간다.

지금의 삶이 마음에 들지 않는다면, 그것은 내가 부족한 사람이어서가 아니다. 다만 지금까지의 루프가 그 방향으로 작동해왔을 뿐이다. 이 사실은 냉정하지만 동시에 희망적이다. 루프는 타고나는 것이 아니라 만들어지는 것이기 때문이다. 오늘의 선택 하나, 오늘의 태도 하나가 새로운 흐름의 출발점이 될 수 있다. 아주 작고 사소해 보여도 괜찮다. 반복할 수 있다면, 그것으로 충분하다.

삶을 다시 쓰고 싶다는 생각은 누구에게나 찾아온다. 그럴 때 우리는 종종 완벽한 날을 기다린다. 여유가 생기면, 용기가 생기면, 준비가 끝나면 시작하겠다고 말한다. 하지만 삶은 준비가 끝난 뒤에만 열리지 않는다. 오히려 준비가 덜 된 날에도 같은 방향으로 한 걸음을 내딛는 사람에게 길을 내준다. 내일의 나를 바꾸는 힘은 언제나 오늘의 작은 행동 안에 있다.

아침에 눈을 뜨며 마음속으로 파이팅을 외치는 일, 하루를 마치며 감사한 일을 한 줄 적는 일, 누군가에게 짧은 안부를 건네는 일. 이런 행동들은 너무 사소해서 인생을 바꾸지 못할 것처럼 보일지도 모른다. 하지만 바로 이런 반복이 불안과 후회의 루프를 느슨하게 만들고, 다른 선택이 들어올 틈을 만든다. 인생은 대개 이렇게, 소리 없이 바뀐다.

나는 루프를 만들고, 루프는 나를 만든다. 우리는 이미 어떤 루프 위에 서 있다. 다만 그 사실을 자각하지 못한 채 흘러가고 있을 뿐이다. 이 책을 덮는 지금, 스스로에게 한 번만 물어보면 충분하다. 나는 지금 무엇을 반복하고 있는가. 그리고 그 반복은 내가 되고 싶은 사람을 향해 가고 있는가.

완벽한 계획을 세우느라 멈추지 말자. 더 나은 내일을 기다리느라 오늘을 비워두지도 말자. 두려움과 불안 때문에 원하는 삶을 미뤄두지 말자. 오늘, 아주 작은 행동 하나로 루프를 다시 설계하면 된다. 복잡한 생각 대신 이 한 문장을 조용히 실천하길 바란다.

"오늘, 나는 내 인생의 루프를 시작했다."

루프,
원하는 것을 얻는 능력

초판 1쇄 발행 2026년 3월 25일
초판 2쇄 발행 2026년 4월 10일

지은이 이승후
구성 스토리텔링 인현진
기획 자문 박지연
펴낸이 권미경
편집 김효단
마케팅 심지훈, 강소연, 김재이
디자인 [★]규

펴낸곳 ㈜웨일북
출판등록 2015년 10월 12일 제2015-000316호
주소 서울시 마포구 양화로1길 29, 2층
전화 02-322-7187 **팩스** 02-337-8187
메일 sea@whalebook.co.kr **인스타그램** instagram.com/@whalebooks

ⓒ 이승후, 2026
ISBN 979-11-94627-25-8 (03190)

소중한 원고를 보내주세요.
좋은 저자에게서 좋은 책이 나온다는 믿음으로, 항상 진심을 다해 구하겠습니다.